JN289547

リスクの科学

―金融と保険のモデル分析―

小暮厚之 編著

神谷信一
工藤康祐
桑名陽一
小守林克哉
高山晃和
長谷川知弘
枇々木規雄
福地純一郎
森平爽一郎 著

朝倉書店

執 筆 者

神 谷 信 一	ウィスコンシン大学 保険数理・リスクマネジメント・保険学部：博士課程	
工 藤 康 祐	第一生命保険相互会社	
桑 名 陽 一	一橋大学大学院経済学研究科：准教授	
＊小 暮 厚 之	慶應義塾大学総合政策学部：教授	
小 守 林 克 哉	早稲田大学大学院ファイナンス研究科：客員准教授	
高 山 晃 和	みずほ信託銀行株式会社	
長 谷 川 知 弘	三菱 UFJ 証券株式会社	
枇 々 木 規 雄	慶應義塾大学理工学部：准教授	
福 地 純 一 郎	学習院大学経済学部：教授	
森 平 爽 一 郎	早稲田大学大学院ファイナンス研究科：教授	

（五十音順，＊は編著者）

序

　現在，わが国の家計，企業あるいは政府が直面するリスクは，複雑化・巨大化・グローバル化している．保険学（保険数理）は，生命保険や損害保険という業態的枠組みの中でリスクの測定と管理手段を古くから社会に提供してきた．しかし，安全・安心な暮らしを実現していくためには，伝統的な保険学が対象にするリスクにとどまらず，マクロ経済，天候，災害，環境，政治面にわたる多様なリスクに対する保険と保証の理解・評価が必要とされる．

　金融工学は，金融を中心としたリスクを研究する学問として近年急速に発達してきたが，今日では伝統的な保険や保証をも含む，より広い市場交換経済の枠組みに立つ一般的な学問体系として認知されつつある．本書は，ファイナンス理論と金融工学の立場から「保険と保証」を捉え直し，安全・安心な暮らしを実現するための新しい研究方法と分析手法を「リスクの科学」として提示するものである．

　本書には，いくつかの特徴を持たせている．第1に，従来は別々に扱われてきた金融リスクと保険リスクの問題を金融工学の視点から統一的に取り扱っている点である．第2に，見えないリスクを捉えるために，単なる実証分析や理論分析にとどまらず，将来の不確実なリスクモデリングによる分析を中心としている点である．第3に，国内外に蓄積された数多くの論文・研究成果を参照しながらも，具体的な問題に対する優れてオリジナルな最新の成果を提示している点である．さらに，研究成果の単なる提示にとどまらず，現実の問題解決への適用可能性に配慮して，手法と応用をバランスよく解説している点である．

　本書は6章より構成される．

　第1章「多期間最適資産配分モデル」では，長期の資産選択におけるリスクの問題を扱う．年金基金の資産運用，家計の資産形成は長期にわたり，その不

確実性も高い．ここでは，そのような長期の不確実性を記述し，各場面に応じた条件付き意思決定を可能とする柔軟なモデリングとして，混合型多期間計画モデルに焦点を当てる．また，混合型モデルの一般的な構築方法を解説するとともに，数値実験によってその特徴を明らかにする．

第2章「変額保険リスクとVaRの推定」では，最近注目を集めている「変額保険」のリスクの問題を扱う．変額保険は，保険金額が資産運用によって変化する保険と金融のハイブリッド商品であり，その保有期間は長期にわたる．ここでは，そのような変額保険の長期保有性に着目し，保有期間が長期の場合のリスク計測の問題を解説する．

第3章「株式市場の危険回避度」では，株式市場のリスクを計測する問題を扱う．わが国の株式市場に焦点を当て，ブラック・ショールズのオプション公式をセミパラメトリックなモデルに拡張することにより，できる限り価格データに忠実に市場の危険回避度の推定を試みている．

第4章「生命保険需要から見た危険回避度推定」は，家計のリスク選好に焦点を当てる．日本の家計が保有する生命保険の個票データに基づいて，バブル崩壊後の家計の危険回避度の推定を行い，富に対する家計リスク選好の振る舞いを明らかにするとともに，経済的・人口学的属性との関連を検討している．

第5章「株価連動型年金のオプション性」は，株価に連動する年金のリスクを扱う．このような商品は保険と金融の両方の性質を持ち，その性質の理解には保険数理手法だけでは不十分である．ここでは，特にそのオプション性を解明し評価するために，金融工学手法を用いた分析を行う．

第6章「将来生命表の構築」では，長生きリスクを扱う．少子高齢化の進むわが国においては，死亡率の低下が著しい．将来死亡率の不確定性は，将来必要な年金額の不確定性，いわゆる長生きリスクを顕在化している．ここでは，将来の死亡率を予測し生命表を構築するための代表的な統計モデル法の理論と応用について考察する．

本書は，基本的には学術書を意図している．しかし，各章の記述にあたっては，この分野の専門家だけではなく，広く金融経済・金融工学・保険数理に興味を持つ学部生・大学院生，研究者を読者として想定した．また，銀行や保険，証券業においてプロフェッショナルとして活躍されている社会人の方々にも興

味を持っていただけることを期待している．

　慶應義塾大学湘南藤沢キャンパス（SFC）で進められている文部科学省 21 世紀 COE プログラム（「日本・アジアにおける総合政策学先導拠点」）に基づく保険リスク研究会「金融工学による保険・保証の分析〜ヒューマン・セキュリティの実現を目指して〜」における活動が，本書の端緒となった．保険リスク研究会の主要メンバーは，本書の執筆者の他，小島　茂（東京海上日動フィナンシャル生命保険 株式会社），竹内恵行（大阪大学経済学研究科），田中周二（日本大学文理学部），照井伸彦（東北大学経済学研究科），中妻照雄（慶應義塾大学経済学部），前川俊一（明海大学不動産学部），松山直樹（株式会社 明治安田生命），吉田　靖（千葉商科大学会計大学院）の各氏である．研究会メンバーによる有益なディスカッションとコメントに改めて感謝したい．

　本書の各章の基になった論文の作成に関しては，文部科学省 21 世紀 COE 研究資金をはじめ，文部科学省科学研究費補助金，慶應義塾学事振興会，財団法人 石井記念財団からの研究費の補助を受けた．また，出版に際しては，朝倉書店編集部のご配慮を受けた．記して感謝したい．

　2007 年 10 月

小暮厚之

目　　次

1. 多期間最適資産配分モデル ……………………〔枇々木規雄〕… 1
   1.1 はじめに ……………………………………………………… 1
   1.2 モデル化の基本的な考え方，定式化 ………………………… 3
      1.2.1 投資の意思決定とモデル化 ……………………………… 3
      1.2.2 モデルの定式化 …………………………………………… 6
   1.3 シナリオの生成方法 …………………………………………… 9
   1.4 拡張決定ツリーの生成方法 …………………………………… 11
      1.4.1 ツリーの生成方法 ………………………………………… 11
      1.4.2 生成方法の違いによる比較 ……………………………… 12
   1.5 モデル分析 ……………………………………………………… 14
      1.5.1 実験1：分岐数の違いによる比較 ……………………… 16
      1.5.2 実験2：経路数の違いによる比較 ……………………… 18
      1.5.3 実験3：サンプリングエラーの検討 …………………… 19
   1.6 取引戦略の違いによる比較 …………………………………… 22
      1.6.1 基本ケースの場合 ………………………………………… 22
      1.6.2 相関ケースの場合 ………………………………………… 25
   1.7 おわりに ………………………………………………………… 29

2. 変額保険リスクと VaR の推定 ………〔福地純一郎・桑名陽一〕… 32
   2.1 はじめに ………………………………………………………… 32
   2.2 モ デ ル ………………………………………………………… 33
   2.3 下側確率の推定 ………………………………………………… 35
      2.3.1 $(m-1)$ 従属確率過程の場合 …………………………… 36
      2.3.2 ある種の定常性を仮定する場合 ………………………… 41
   2.4 分位点の推定 …………………………………………………… 44
   2.5 他の推定量 ……………………………………………………… 46
   2.6 おわりに ………………………………………………………… 48

3. 株式市場の危険回避度 〔小暮厚之・高山晃和〕 50

- 3.1 はじめに ... 50
- 3.2 危険回避度とは何か ... 51
  - 3.2.1 危険回避度 ... 51
  - 3.2.2 リスク中立確率 ... 52
  - 3.2.3 危険回避度とリスク中立確率の関係 ... 53
- 3.3 オプション価格データからのマーケット情報抽出 ... 53
  - 3.3.1 リスク中立確率の導出 ... 53
  - 3.3.2 ブラック・ショールズモデルにおけるリスク中立確率導出 ... 54
  - 3.3.3 Jackwerth のアプローチ ... 55
- 3.4 新たな推定法 ... 57
  - 3.4.1 Jackwerth 法の修正 ... 57
  - 3.4.2 局所回帰法によるノンパラメトリック推定法 ... 58
  - 3.4.3 完全なノンパラメトリックアプローチ：Ait-Sahalia–Lo のアプローチ ... 60
- 3.5 実証分析 ... 61
  - 3.5.1 データ ... 61
  - 3.5.2 観測確率分布の密度関数の推定 ... 62
  - 3.5.3 月次ベースでの推定結果：Jackwerth 法 ... 63
  - 3.5.4 期間集計による推定：Jackwerth 法の修正 ... 63
- 3.6 おわりに ... 71

4. 生命保険需要から見た危険回避度推定 〔神谷信一・森平爽一郎〕 73

- 4.1 はじめに ... 73
- 4.2 先行研究 ... 75
- 4.3 期待効用最大化と危険回避係数の推定 ... 77
  - 家計の期待効用最大化と保険需要関数 ... 77
- 4.4 データと変数の定義 ... 81
  - 4.4.1 使用データ ... 81
  - 4.4.2 危険回避度推定の属性分類について ... 82
  - 4.4.3 変数についての説明 ... 83

4.5	分析結果 ……………………………………………	85
4.6	おわりに ……………………………………………	95

5. 株価連動型年金のオプション性 ……〔小守林克哉・工藤康祐〕… 99

5.1	はじめに ……………………………………………	99
5.2	保険商品の保険料計算 ………………………………	100
5.3	保険金支払方法に含まれるオプション性 …………	101
	5.3.1 ポイントトゥポイント型 …………………	102
	5.3.2 ハイウォーターマーク型 …………………	103
	5.3.3 ラダー型 ……………………………………	104
	5.3.4 ローウォーターマーク型 …………………	105
	5.3.5 リセット型 …………………………………	106
	5.3.6 デジタル型 …………………………………	107
	5.3.7 バリア型 ……………………………………	108
5.4	保険料支払方法に含まれるオプション性 …………	109
5.5	フロアー特約方式による保険設計 …………………	111
5.6	数値計算による商品特性比較 ………………………	112
	5.6.1 ポイントトゥポイント型商品の特性分析 …	113
	5.6.2 保険金支払方法の違いによる商品特性比較 …	115
5.7	おわりに ……………………………………………	117
5.A	付録：様々なオプションの価格 ……………………	117
	5.A.1 ヨーロピアンオプション …………………	117
	5.A.2 モディファイドルックバックコールオプション …………	118
	5.A.3 ラダーオプション …………………………	118
	5.A.4 アップアンドアウトプットオプション …	119
	5.A.5 レギュラールックバックコールオプション …………	120
	5.A.6 フォワードスタートコールオプション …	120
	5.A.7 フォワードデジタルオプション …………	120
	5.A.8 アップアンドインコールオプション ……	121
	5.A.9 幾何平均(率)オプション …………………	121

6. 将来生命表の構築 〔小暮厚之・長谷川知弘〕 123
6.1 はじめに 123
6.2 生命表の基本 124
6.2.1 理論的な生命表 124
6.2.2 死亡率 124
6.2.3 動態的なモデリング 125
6.3 わが国における死亡率低下の推移 125
6.3.1 寿命分布の暦年変化 126
6.3.2 寿命分布の中心とばらつきの暦年変化 127
6.3.3 長生きリスク 127
6.4 統計モデリング 128
死亡率データ 128
6.5 Lee–Carter 法 129
6.5.1 モデル 129
6.5.2 推定 129
6.5.3 予測 131
6.6 双線形回帰モデル 131
6.6.1 LC 法の拡張 131
6.6.2 予測 133
6.7 わが国男性死亡率への応用例 134
6.7.1 データ 134
6.7.2 正規 LC モデル 134
6.7.3 ポアソン LC モデル 138
6.8 おわりに 140
6.A 付録 142
6.A.1 ポアソン LC モデル推定のアルゴリズム 142
6.A.2 ポアソン双線形回帰モデル推定の R コード 144

索引 147

1

多期間最適資産配分モデル

1.1 はじめに

　年金基金などの長期的な資金運用を行う投資家にとって，様々な実務制約のもとで，多期間にわたる不確実性を考慮した動的投資政策の決定を明示的にモデル化するためには，1期間モデルではなく，多期間モデルを構築する必要がある．多期間ポートフォリオ最適化問題を実際に解くためのモデルとしては，シナリオツリーを用いた多期間確率計画モデルが中心となって発展している．シナリオツリー型モデルは近年，コンピュータの高速化と解法アルゴリズムの発展に伴い，大規模な問題を解くことが可能になり，様々な研究が行われている．詳細は，Mulvey and Ziemba(1995, 1998) の参考文献を参照されたい[*1]．

　一方，枇々木 (2001b) は，離散時間で離散分布に従う確率変数をモンテカルロシミュレーションにより発生させたパスを利用して不確実性を記述することによって，数理計画問題として定式化が可能なシミュレーション型多期間確率計画モデルを開発している．さらに，枇々木 (2001c) は，シミュレーションアプローチのもとで，シナリオツリーと同様の条件付き意思決定ができるモデルとして，シミュレーション/ツリー混合型多期間確率計画モデルも開発している．

　シミュレーション型モデルは，様々なタイプの問題への適用が試みられている．齋藤・枇々木 (2001) は銀行 ALM に，多田羅・枇々木 (2001) は企業年金の ALM に，枇々木・茶野 (2002) は公的年金の ALM に対し，シミュレーショ

[*1] 多期間モデルによるポートフォリオ最適化問題は，Merton(1969) と Samuelson(1969) によって基本的枠組みが提示されて以来，金融経済学の側面から様々な研究がなされている．詳しくは本多 (1999) を参照してもらうとして，本章では数理計画における多期間最適資産配分モデルの構築方法について議論する．

ン型モデルを用いて定式化を行い,数値実験によりその有用性を検証している.また,吉田・山田・枇々木 (2002) は家計の金融資産配分問題に,枇々木・小守林・豊田 (2005) は生命保険,損害保険を含む世帯の資産形成問題へ適用している.Bogentoft, Romeijn and Uryasev(2001) はオランダの年金基金に対し,混合型モデルの特殊形によって,CVaR(条件付きバリューアットリスク) をリスク尺度に用いた ALM モデルを構築し,その有用性を示している.一方,多期間計画問題は大規模な数理計画問題になるため,計算効率も重要な研究課題である.計算速度を向上させるために,枇々木・田辺 (2003) は内点法のナイーブな実装で生じる問題点に対する回避策 (augmented system approach, Maros and Mészáros(1998)) と他の様々な内点法の実装上の技法,特に一次方程式の解法に対する技法を工夫し,また,枇々木 (2002b) はコンパクト表現による定式化を示している.

本章の目的は,入力データとしてモンテカルロシミュレーションにより生成されたデータを用いつつ,条件付き意思決定を行うことができる多期間確率計画モデルである混合型モデルの一般的な構築方法を再検討し,数値実験によってその特徴を明らかにすることである.

本章の構成は以下の通りである.1.2 節では,シミュレーション/ツリー混合型モデルの概要を示し,その定式化を示す.投資量関数を用いたモデルの定式化を示し,投資量関数によって様々な投資戦略を記述できることを示す.混合型モデルを用いるためにその入力データとして必要な,① 資産価格 (収益率) シナリオと,② 拡張決定ツリーの生成方法をそれぞれ 1.3 節と 1.4 節で説明する.拡張決定ツリーの生成方法として 2 つの方法を示し,それらを数値実験によって比較する.1.5 節では,① 分岐数の違いによる比較,② 経路数の違いによる比較,③ サンプリングエラーの検討を行う数値実験によってモデルの特徴を分析する.1.6 節では,基本ケース,相関ケースの 2 種類の基本統計量を用いて生成したシナリオのもとで,数値実験によって 3 つの取引戦略 (投資量決定戦略,投資額決定戦略,投資比率決定戦略) を比較し,戦略の違いによる最適解の特徴を検討する.最後に,1.7 節で結論と今後の課題を述べる.

1.2 モデル化の基本的な考え方，定式化

1.2.1 投資の意思決定とモデル化

多期間確率計画モデルでは，図 1.1(左) のようなシナリオツリーによって不確実性を離散的に記述し，各ノードにおいて条件付き意思決定を行うモデルが広く使われている．このシナリオツリー型モデルは，離散的な確率変数を用いることによって，定式化の上では確定的な数理計画モデルとして記述でき，様々な実務制約を入れて問題を解くことができる．しかし，不確実性の記述を詳細にしようとすると，問題の規模が指数的に増加するという欠点がある．その一方で，問題を大規模にしないためには数少ないシナリオでうまく不確実性を記述しなければいけない難しさもある．

一方，将来の資産価格の不確実な変動を図 1.1(右) に示すようなモンテカルロシミュレーションによって生成された複数のサンプルパス (シミュレーション経路) で記述することも広く行われている[*2]．確率微分方程式 (確率差分方程式) モデルや時系列モデルを作ることができれば，標準的なモンテカルロシミュレーションの技法を使うことによってシナリオを比較的容易に生成できる．

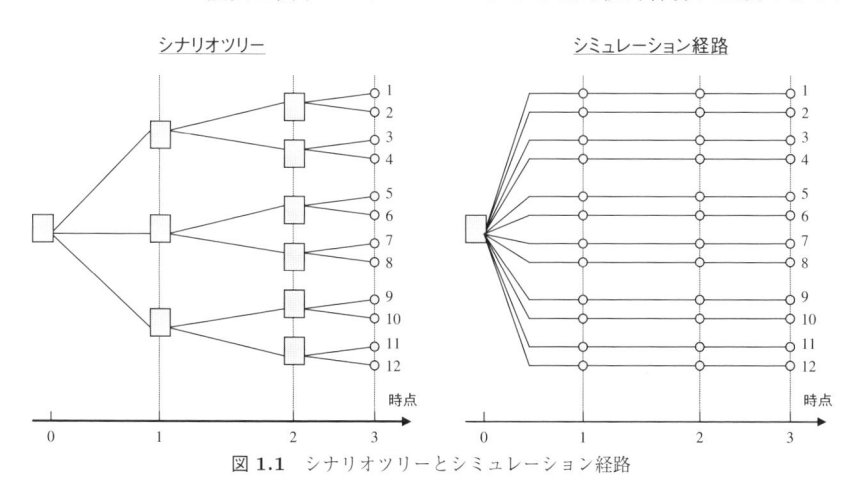

図 1.1 シナリオツリーとシミュレーション経路

[*2] 数値的にリスク評価を行う場合には，モンテカルロシミュレーションで記述する方が一般的である．

しかし,意思決定の取扱いに関しては注意が必要である.シミュレーション経路は1本の経路にだけ注目すると,t時点の状態の次に発生する$t+1$時点の状態は1つしか想定しないからである.そのため,リスク資産に対して各状態ごとに意思決定を行うと,確実性下での意思決定となる(不確実性下での意思決定ではなくなる).投資決定を行う確率計画モデルでは,将来生じる状態を確定的に知っていることを利用して意思決定ができる機会をなくす条件(非予想条件: non-anticipativity condition) が必要である.そこで,不確実性下での意思決定を保ちつつ,条件付き意思決定を可能にするために,経路をツリー構造でいくつかのグループに分けていき(バンドリングし),そのグループに属する経路では同一の投資決定に従せるモデル化の方法を考える.ただし,シミュレーション経路の各状態における現金の保有額は同一になることを要求しない.なぜならば,現金の収益率は金利であり,投資決定時点においては無リスクだからである.このモデルをシミュレーション/ツリー混合型多期間確率計画モデル(簡単のため,混合型モデル)と呼ぶ.また,条件付き意思決定を表すツリーをシナリオツリーや通常の決定ツリーと区別するために,拡張決定ツリーと呼ぶ.たとえば,3期間問題で,シミュレーション経路が12本,1時点で3ノード(3通りの意思決定),2時点でさらに2ノードに分かれる(計6通りの意思決定の)拡張決定ツリーを生成することを考えよう.この場合,図1.2(左)のよ

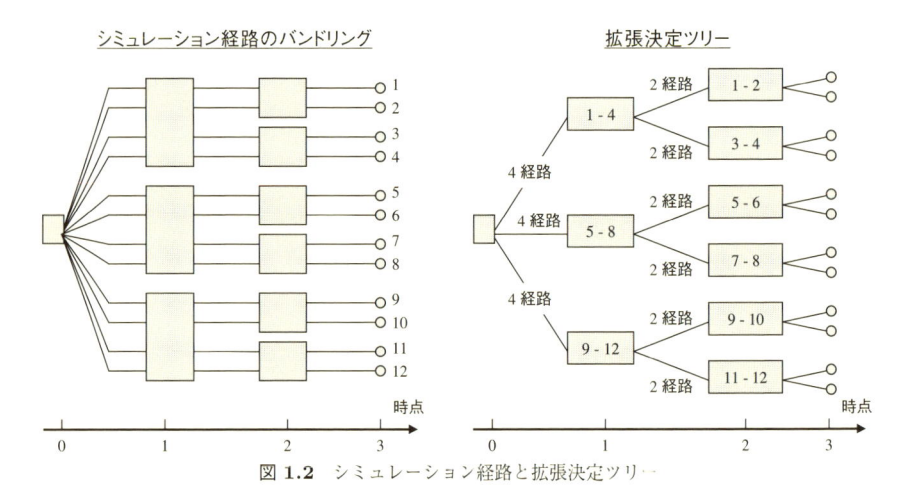

図 1.2 シミュレーション経路と拡張決定ツリー

うに，同一の意思決定を行うノードでシミュレーション経路を束ねていき，図1.2(右)に示す拡張決定ツリーを生成する．図1.2(右)はツリーをイメージするための図であり，両方の図は同じことを表す．これを 3-2 ツリーと呼ぶ．

1 時点，2 時点，3 時点ともに不確実な状態の数は 12 個に保たれているが，ノードの違いによって 1 時点では 3 通りの条件付き意思決定，2 時点ではそれぞれさらに 2 通り (合計 6 通り) の条件付き意思決定を行うことができる．より詳しい拡張決定ツリーの生成方法は，1.4 節で議論する．

ノードで表されるグループに属する状態に対して同一の意思決定を行うとは，ノードごとに設定される決定変数の値をその中のすべての状態に適用することである．決定変数として，投資比率，投資額，投資量 (投資単位数) を用いることによって取引戦略の違うモデル化を行うことができる[*3)]．一般に，決定変数が異なれば，異なるモデルを記述する必要があるが，ここでは投資量関数を用いることにより共通のモデルで定式化できる方法を示す．

ノード内で同一の投資比率を適用する場合，各状態において投資比率は同じ値をとるが，投資額や投資量は異なる値をとる．すなわち，投資比率に関しては同一の値を用いた意思決定を行うことになるが，投資額や投資量に関しては同一でない値を用いた意思決定も許している．このことは各ノード内で同一の投資比率をとるという投資ルールさえ与えておけば，各ノード内の投資量は異なる値をとったとしても非予想条件を保つことができることを表す．したがって，投資量を決める (投資ルールを表す) 関数を用いて，経路ごとに異なる投資量の値をとるモデル化が可能である．この関数を投資量関数と呼び，投資量のベースを表す基礎変数の関数として記述する．基礎変数が最適化モデルでは決定変数となる．異なる投資量関数を用いることにより，様々な取引戦略を記述することができる．投資比率，投資額，投資量はそれぞれ資産の価格もしくは収益率によって関連付けることができるので，投資量関数を用いて各ノード内で同一の投資比率もしくは同一の投資額を持つような取引戦略をとる (意思決定を示す) ことも可能である．以降は，投資量関数を用いた定式化の方法を示す．

[*3)] シナリオツリー型モデルの場合には，投資比率，投資額，投資量 (投資単位数) のうち，どれを用いても同じ最適解を得ることができるので，取引戦略を考える必要はない．

1.2.2 モデルの定式化

混合型モデルを用いた資産配分問題を記述する．n 個のリスク資産 ($j = 1, 2, \ldots, n$) と現金 ($j = 0$) に資金を配分する問題を考える．資産 0 を現金，資産 1 〜 n をリスク資産とする対象資産数が $n + 1$ 個の資産配分問題である．0 時点を投資開始時点，T 時点を計画最終時点とする．「同一の意思決定を行うノード」を簡単のために「決定ノード」と呼ぶ．

リターン尺度には計画最終時点における富 (最終富) の期待値 (期待最終富)，リスク尺度には計画最終時点における富の目標水準 (目標富) を下回る大きさ (富の不足分) を表す 1 次の下方部分積率を設定する．$W_T^{(i)}$ を経路 i における最終富，W_G を目標富，I を経路数を表すパラメータとすると，離散データを用いた場合の 1 次の下方部分積率 LPM_1 は，(1.1) 式のように記述できる．

$$\text{LPM}_1 \equiv \frac{1}{I} \sum_{i=1}^{I} \left| W_T^{(i)} - W_G \right|_{-} \tag{1.1}$$

ここで，$|a|_{-} = \max(-a, 0)$ である．

a. 記　　号

(1) 集合および添字

- s ： 決定ノードを表す添字で，時点 (t) とともに記述する
- s' ： 任意の時点の決定ノード s につながっている 1 時点前の決定ノードを表す添字
- V_t^s ： t 時点の決定ノード s に含まれる経路の集合．$|V_t^s|$ は t 時点の決定ノード s に含まれる経路数を表す
- S_t ： t 時点の決定ノード s の集合

(2) パラメータ

- ρ_{j0} ： 0 時点のリスク資産 j の価格 ($j = 1, 2, \ldots, n$)
- $\rho_{jt}^{(i)}$ ： t 時点の経路 i のリスク資産 j の価格 ($j = 1, 2, \ldots, n; t = 1, 2, \ldots, T; i = 1, 2, \ldots, I$)
- r_0 ： 期間 1 (0 時点) の金利
- $r_{t-1}^{(i)}$ ： 期間 t ($t - 1$ 時点) の経路 i の金利 ($t = 2, 3, \ldots, T; i = 1, 2, \ldots, I$)

W_0 : 0 時点での富 (初期富)

W_G : 計画最終時点での目標富

W_E : 計画最終時点で投資家が要求する期待富

γ : リスク回避係数

(3) 決定変数

z_{j0} : 0 時点のリスク資産 j への投資量 $(j = 1, 2, \ldots, n)$

z_{jt}^s : t 時点の決定ノード s のリスク資産 j への投資量のベースを表す基礎変数 $(j = 1, 2, \ldots, n;\ t = 1, 2, \ldots, T-1;\ s \in S_t)$

$q^{(i)}$: 計画最終時点における経路 i の富の目標富に対する不足分 $(i = 1, 2, \ldots, I)$

v_0 : 0 時点の現金

$v_t^{(i)}$: t 時点の経路 i の現金 $(t = 1, 2, \ldots, T-1;\ i = 1, 2, \ldots, I)$

b. 投資量関数を用いたモデルの定式化

1 時点以降の投資量を状態 (経路 i) ごとに変えることができるように，z_{jt}^s の投資量関数 $h^{(i)}(z_{jt}^s)$ を以下のように定義する．ここで，$a_{jt}^{(i)}$ を投資量パラメータとする．

$$h^{(i)}(z_{jt}^s) = a_{jt}^{(i)} z_{jt}^s \tag{1.2}$$

ただし，非予想条件を保つために，$a_{jt}^{(i)}$ の値は，t 時点以降の経路 i (個々の経路) の収益率に依存して設定してはいけない．リスク資産に対する様々な取引戦略 (投資ルール) に対する投資量関数を以下に示す．それぞれ各ノードにおけるリスク資産 j への投資量，投資額，投資比率が同一になるようにリバランス (取引) を行うことを表す．

(1) 投資量決定戦略：$h^{(i)}(z_{jt}^s) = z_{jt}^s$

(2) 投資額決定戦略：$h^{(i)}(z_{jt}^s) = \left(\dfrac{\rho_{j0}}{\rho_{jt}^{(i)}} \right) z_{jt}^s$

(3) 投資比率決定戦略：$h^{(i)}(z_{jt}^s) = \left(\dfrac{W_t^{(i)}}{\rho_{jt}^{(i)}} \right) z_{jt}^s$

ここで，$W_t^{(i)}$ は t 時点の経路 i の富を表す．投資量決定戦略と投資額決定

戦略は線形計画問題として記述できる．しかし，$W_t^{(i)}$ は決定変数の関数となるため，投資比率決定戦略は非凸非線形計画問題となる．

c. 定 式 化

期待最終富をある一定以上にするという制約のもとで，最終富の1次の下方部分積率を最小化する多期間最適化モデルは以下のように記述できる（モデル1と呼ぶ）．

最小化
$$\frac{1}{I}\sum_{i=1}^{I} q^{(i)} \tag{1.3}$$

制約条件
$$\sum_{j=1}^{n} \rho_{j0} z_{j0} + v_0 = W_0 \tag{1.4}$$

$$\sum_{j=1}^{n} \rho_{j1}^{(i)} h^{(i)}(z_{j1}^s) + v_1^{(i)} = \sum_{j=1}^{n} \rho_{j1}^{(i)} z_{j0} + (1+r_0)v_0,$$
$$(s \in S_1;\ i \in V_1^s) \tag{1.5}$$

$$\sum_{j=1}^{n} \rho_{jt}^{(i)} h^{(i)}(z_{jt}^s) + v_t^{(i)} = \sum_{j=1}^{n} \rho_{jt}^{(i)} h^{(i)}(z_{j,t-1}^{s'}) + \left(1+r_{t-1}^{(i)}\right) v_{t-1}^{(i)},$$
$$(t = 2, 3, \ldots, T-1;\ s \in S_t;\ i \in V_t^s) \tag{1.6}$$

$$W_T^{(i)} = \sum_{j=1}^{n} \rho_{jT}^{(i)} h^{(i)}(z_{j,T-1}^{s'}) + \left(1+r_{T-1}^{(i)}\right) v_{T-1}^{(i)},$$
$$(s' \in S_{T-1};\ i \in V_{T-1}^{s'}) \tag{1.7}$$

$$\frac{1}{I}\sum_{i=1}^{I} W_T^{(i)} \geq W_E \tag{1.8}$$

$$W_T^{(i)} + q^{(i)} \geq W_G, \quad (i = 1, 2, \ldots, I) \tag{1.9}$$

$$z_{j0} \geq 0, \quad (j = 1, 2, \ldots, n) \tag{1.10}$$

$$z_{jt}^s \geq 0, \quad (j = 1, 2, \ldots, n;\ t = 1, 2, \ldots, T-1;\ s \in S_t) \tag{1.11}$$

$$v_0 \geq 0 \tag{1.12}$$

$$v_t^{(i)} \geq 0, \quad (t = 1, 2, \ldots, T-1;\ i = 1, 2, \ldots, I) \tag{1.13}$$

$$q^{(i)} \geq 0, \quad (i = 1, 2, \ldots, I) \tag{1.14}$$

数値実験では，モデル1だけではなく，期待最終富から最終富の1次の下方部分積率のγ倍を差し引いた目的関数EUを最大化するモデルも用いる（モデル2と呼ぶ）．(1.3)式, (1.8)式の代わりに以下の目的関数を最大化する．

$$\text{最大化} \quad EU \equiv \frac{1}{I}\sum_{i=1}^{I} W_T^{(i)} - \gamma \left(\frac{1}{I}\sum_{i=1}^{I} q^{(i)} \right) \quad (1.15)$$

d. 対象資産に現金を含める必要性

混合型モデルでは投資比率決定戦略をとらない限り，モデルの構造上，各時点において現金への投資を必要とする．したがって，投資量決定戦略や投資額決定戦略では，各時点での現金を決定変数として設定しなければならない．この理由はシミュレーション経路上で非予想条件を保つために，各経路において異なる富とリスク資産への投資額の違いをすべて現金で保有する必要があるからである (各シミュレーション経路上で現金は異なる)．ただし，0時点においては必ずしも設定しなくてよい[*4)]．資産配分問題においては現金を対象資産として含める場合がほとんどであるので，それほど大きな問題ではない．しかし，各時点において現金への投資を必要とすることは (内包された) 制約と考えてよいので，この条件には注意が必要である．1.6.1項の数値実験において，内包する制約がどの程度効くかについて検討を行う．

1.3 シナリオの生成方法

将来の資産価格 (収益率) は一般に，確率微分方程式 (確率差分方程式) や時系列モデル式などで記述され，それをもとにしてシナリオが生成される．Mulvey and Thorlacius(1998) は年金基金に対する多期間確率計画問題に対し，タワーズペリン (Towers Perrin) のモデルを使い，分析を行っている[*5)]．このモデルでは，各国間の影響関係と滝構造を用いた経済構造を記述している．各経済変数 (金利，インフレ率，実質利回り，為替レート，株式収益率) は，確率微分方程

[*4)] 0時点では状態は確定しているので，現金もある一つの値に決まり，現金を投資対象からはずす (現金を持たないと制約を置く) ことができる．詳しくは，枇々木 (2001b) を参照されたい．

[*5)] タワーズペリンはグローバル CAP:Link と呼ばれる資本市場のグローバルなシナリオ生成システムを開発し，年金基金や保険会社のリスク分析等に使っている．

式で記述される．たとえば，短期金利と長期金利は，2 要因 Brennan–Schwartz モデルの変形によって計算される．損害保険会社に対する ALM の代表的な例であるラッセル・安田モデル (Russel–Yasuda model. Cariño, et al. (1998), Cariño and Ziemba (1998), Cariño, Myers and Ziemba (1998)) では，金利，株式収益率，為替レートをもとにした時系列モデル (ファクターモデル) により資産リターンのシナリオを作成している．

シナリオ生成モデルはそれぞれ独自のものが開発されており，モデルの詳細は完全には記述されていないが，複雑なモデルが多い．これらのモデルを用いて，不確実性の記述をシナリオツリーによって詳細にしようとすると，問題の規模が指数的に増加する．問題を大規模にしないためには，数少ないシナリオでうまく不確実性を記述する必要があるが，これらの論文の中ではその具体的な生成方法は記述されていない．それに対し，混合型モデルでは，その入力データとしてモンテカルロシミュレーションによって生成された (ツリー構造ではない) サンプルパスを用いる．確率微分方程式 (確率差分方程式) や時系列モデル式が決まれば，モンテカルロシミュレーションの標準的な手続きによって，具体的にシナリオを生成することは容易である．したがって，上記に示したシナリオ生成モデルも含めて，様々なモデルから容易にシナリオ生成が可能である．

ここでは，① 簡単で結果を解釈しやすく，② 資産価格変動の時系列相関を明示的に表現する[*6)]ために期待値，標準偏差，相関係数 (時系列相関も含む) を用いたモデルによって，n 個のリスク資産の収益率と金利のシナリオを生成する．以降の数値実験における対象資産は株式，債券，転換社債 (CB)，現金 (金利) である．各資産のシミュレーション経路を生成する際に用いるデータの基本統計量 (期待値，標準偏差，相関係数行列) として，次の 2 種類を用いる．

(A) 基本ケース

日興株式パフォーマンスインデックス (東証一部インデックス)，日興債券パフォーマンスインデックス (総合インデックス)，日興 CB パフォーマンスインデックス (総合インデックス)，コールレートをもとに生成した基本統計量を用いる．

[*6)] 時系列相関を考慮することは，多期間モデルにおける大きな関心事の一つである．

(B) 様々な自己相関を考慮するケース (相関ケース)

様々な時系列相関を持つ場合に対する最適解の違いを調べる．そのために，相関パラメータ c として，表 1.1 に示すように $-0.5 \sim 0.5$ の間の 0.1 刻みの値を設定した 11 ケースを比較する．相関パラメータ c を用いて，資産間の時系列相関を操作する．

表 1.1　ケース分析番号と相関パラメータ

ケース	cm5	cm4	cm3	cm2	cm1	cp0	cp1	cp2	cp3	cp4	cp5
パラメータ (c)	-0.5	-0.4	-0.3	-0.2	-0.1	0.0	0.1	0.2	0.3	0.4	0.5

1.4　拡張決定ツリーの生成方法

1.4.1　ツリーの生成方法

図 1.1 のシミュレーション経路をバンドリングして，図 1.2 の拡張決定ツリーを生成する方法 (グループ分けの方法) として，以下に逐次的クラスタリング法とポートフォリオベースクラスタリング法を説明する．

a. 逐次的クラスタリング法

資産の収益率データを直接的に，逐次的にクラスター分析を行い，グループに分ける方法を逐次的クラスタリング法 (sequential clustering method: SQC 法) と呼ぶ．

b. ポートフォリオベースクラスタリング法

多期間にわたって任意のポートフォリオを定め，そのポートフォリオを用いて計算される時点 t の経路 i の富 $W_t^{(i)\star}$ を使って，拡張決定ツリーを作成する方法をポートフォリオベースクラスタリング法 (portfolio based clustering method: PBC 法) と呼ぶ．用いるポートフォリオとして，① 等ウェイトポートフォリオ，② シミュレーション型モデルで問題を解いたときに得られる最適解[*7)] などを用いることができる．

[*7)] Bogentoft, Romeijn and Uryasev(2001) は，オランダの年金基金に対し，混合型モデルの特殊形 (BRU モデル) によって，CVaR (conditional value at risk) をリスク尺度に用いた ALM モデルを構築し，その有用性を示している．BRU モデルは決定ノードが時間とともに広がらない (増えない) 構造を持つ混合型モデルであるが，ノードの決定方法として，シミュレーション型モデルで問題を解いたときに得られる最適解から計算される資産負債比率を使ってい

1.4.2 生成方法の違いによる比較

拡張決定ツリーの生成方法によって決定ノードを通る経路が変わるので,最適解も異なる.ここでは数値実験を用いて,生成方法の異なる以下の3通りの方法を比較する.PBC法のノードを通る経路の数は同数にする.

(1) SQC法
(2) 等ウェイトポートフォリオを用いたPBC法 (W-PBC法)
(3) シミュレーション型モデルの最適解を用いたPBC法 (S-PBC法)

数値実験の設定条件は以下の通りである.

- 4期間および4資産問題 ($T = 4, n + 1 = 4$)
- シミュレーション経路:3000本 ($I = 3000$)
- 乱数シード:100種類
- 基本ケースに対するシミュレーション経路を生成する
- 投資量決定戦略によるモデル1を用いる.計画期末 (4時点後) の期待富 (W_E) に対する制約値を5ケース設定する.以降,単位のない場合には,すべて万円単位とする

ケース番号	ケース1	ケース2	ケース3	ケース4	ケース5
期待富 (W_E)	10280	10310	10340	10370	10385

a. 結果と考察

各方法のリスクの平均値を表1.2に示す.シミュレーション型モデルの最適解を用いたPBC法 (S-PBC法) が他に比べて明らかによい.ただしS-PBC法では $\gamma = 1.5$ のケースを示す[*8].ここでは省略するが,リスク値の標準偏差も小さく,分布全体を見ても,S-PBC法のリスクの最大値は他の方法のリスクの最小値を下回っており,100種類すべてのケースで有利である.これは,シミュレーション型モデルと混合型モデルの構造はきわめて似ているため,シミュレーション型モデルで得られた富の値は,値そのものの水準は異なるものの,パスごとの大きさの順番は他の方法よりも似た結果が得られるからである.ノードを通る経路の数を同数にしない場合でもほぼ同様の結果が得られる.

る.BRUモデルは枇々木 (2001c) を参考にして研究されたが,本章ではBRUモデルのノード決定方法のアイデアを一般化し,ポートフォリオベースクラスタリング法と呼ぶ.

[*8] 表1.3の結果より,リスクの平均値が小さい $\gamma = 1.5$ のケースを用いる.

表 **1.2** 各方法の比較：リスクの平均値

		W_E				
		10280	10310	10340	10370	10385
(1)	SQC	6.10	16.40	33.62	69.33	110.10
(2)	W-PBC	5.19	13.83	27.57	54.27	86.24
(3)	S-PBC($\gamma=1.5$)	1.42	6.01	13.91	28.18	41.05

b. S-PBC 法におけるリスク回避係数 (γ) の選択

13 種類の γ に対して，S-PBC 法を用いて混合型モデルで問題を解いた場合のリスクの平均値を表 1.3 に示す．

表 1.3 を見ると，$W_E = 10280, 10310, 10340$ の 3 ケースでは $\gamma = 1.5$，$W_E = 10370, 10385$ の 2 ケースでは $\gamma = 1.25$ のときのリスク値が最も低い．しかし，γ の値が 1〜10 の範囲ではそれほど大きな変化がない．この範囲の中では γ に対する感度は高くないが，それは γ の変化に対し，シミュレーション型モデルの最適ポートフォリオが変化していないからではない[*9)]．PBC 法では各経路ごとの富の順番が問題であるため，ある範囲の中ではポートフォリオが多少異なっていてもそれほど感度は高くないことが予想される．$\gamma = 0.5$ で

表 **1.3** 様々なリスク回避係数 (γ) に対するリスクの平均値

		W_E				
		10280	10310	10340	10370	10385
	1000	1.941	7.141	16.007	32.080	47.550
	100	1.917	7.061	15.861	31.708	46.801
	10	1.547	6.287	14.455	29.045	42.426
	5	1.530	6.208	14.259	28.718	41.806
	3	1.540	6.253	14.346	28.935	42.116
	2	1.475	6.139	14.161	28.669	41.645
γ	1.75	1.443	6.073	14.040	28.416	41.334
	1.50	1.416	6.012	13.907	28.183	41.052
	1.25	1.431	6.048	13.982	28.163	40.924
	1	1.556	6.325	14.448	28.945	42.104
	0.75	1.826	6.894	15.396	30.274	43.763
	0.50	2.646	8.631	18.354	35.098	51.671
	0.25	5.787	15.237	30.629	61.691	99.829

[*9)] γ が小さくなるにつれて，リスク許容度が大きくなり，よりリスキーな資産へと移行する．ここでは省略するが，γ が小さくなるにつれて，現金への投資は減り，株式，債券，CB への投資が徐々に増えていく．さらに γ が小さくなると，現金への投資はなくなり，債券への投資も減り，株式と CB へ投資をすることになる．

急にリスク値が悪くなるが,これは $\gamma = 0.75$ のときに比べて,債券への投資比率が 10% 程度落ちていて,この点で富の順番に影響を与えるようなポートフォリオの変化があったと推測できる.一方,$\gamma = 100$ 以上になると $\gamma = 10$ のときに比べてリスク値が悪くなる.現金の投資比率が 10%程度下がり,その分,債券への投資比率が増えているが,この点で富の順番に影響を与えるようなポートフォリオの変化があったと推測できる.いずれにしても,いくつかの γ に対して実際に問題を解いてから,γ を決め,混合型モデルを解くことが必要である.

シミュレーション経路を 10000 本にした場合も同様の結果が得られ,$\gamma = 1.5$ の場合のリスク値が最小であったので,以降の数値実験では $\gamma = 1.5$ を用いる.

1.5 モデル分析

混合型モデルは,モンテカルロシミュレーションを用いることによって,シナリオツリーよりも離散化の精度を上げる (不確実性の記述を詳細にする) ことができる.しかし,不確実性下での条件付き意思決定を行うために,似たような資産価格 (収益率) の状態に対して同一の意思決定を行う必要がある.したがって,シミュレーション経路数と意思決定ノード数 (分岐数) は結果に大きな影響を及ぼす.経路数が多くなればなるほど分布の近似精度は高まり,意思決定ノード数 (分岐数) が多くなればなるほど,より適切に条件付き意思決定を記述することができる.経路数を一定にして,意思決定ノード数 (分岐数) を増やすと効率的フロンティアは左上にシフトすると予想できる.この理由は,経路数が少なくて意思決定ノード数が多いと,分布の近似精度が悪いもとで意思決定をすることになり,オーバーフィットさせることができるからである.一方,意思決定ノード数 (分岐数) を一定にして,経路数を増やすと効率的フロンティアは右下にシフトすると予想できる.この理由は,経路数が多くて意思決定ノード数が少ないと,条件付き意思決定の自由度が低くなるからである.また,モンテカルロシミュレーションでは乱数を用いるため,経路数が少ないとサンプリングエラーが生じる.経路数を増加させることによって,サンプリングエラーを減少させることができる.本節ではこれらの関係を数値実験により調べるこ

1.5 モデル分析

とにする．

以降の数値実験は，特に断りのない限り，以下のような設定条件のもとで，4期間，4資産問題に対して行う ($T=4, n+1=4$)．計算機は IBM ThinkPad, Pentium IV 1.8GHz, 768MB メモリ，数理計画ソフトウェアは NUOPT Ver. 5.1.0a((株) 数理システム) を用いる．

- 初期時点での資産価格はすべて 1 とする (一般性を失わない)．また，初期金利は 0.44%(1 期間) とする
- 初期 (時点の) 富 (W_0) は 1 億円とする
- 計画期末 (4 時点後) の目標富 (W_G) は 1 億円とする
- 分岐数による比較実験 (1.5.1 項) を除き，決定ノードの分岐数は，1 時点を 5 個，2 時点を 4 個，3 時点を 3 個とする (5-4-3 ツリー)．決定ノード数は，1 時点が 5 個，2 時点が 20 個，3 時点が 60 個となる
- 経路数による比較実験 (1.5.2 項)，サンプリングエラーの実験 (1.5.3 項) を除き，経路数は 10000 本とする

本節では以下の 3 種類の数値実験を行う．

実験 1： 経路数を一定にして，意思決定ノード数 (分岐数) を様々に変更する．以下のような 3 通りの方法で比較する．

a. 1-1-1 ツリー (シミュレーション型モデル) から 5-4-3 ツリーまで，1 つの時点の分岐数のみを変えていった 12 種類の拡張決定ツリーに対する結果を比較する

b. 各時点の分岐数を同一にする 12 種類の N-N-N ツリー ($N=2,3\ldots,13$) に対する結果を比較する

c. 以下のような 3 時点 ($T-1$ 時点) のノード数が同一 (M 個) のツリー構造を持つ N_1-N_2-N_3 ツリー ($N_1 \times N_2 \times N_3 = M$) の結果を比較する

  - $M=$1000 個：10-10-10, 20-10-5, 40-5-5
  - $M=$1500 個：15-10-10, 20-15-5, 30-10-5, 60-5-5
  - $M=$2000 個：20-10-10, 20-20-5, 40-10-5, 80-5-5
  - $M=$2500 個：25-10-10, 25-20-5, 50-10-5, 100-5-5
  - $M=$3000 個：30-10-10, 30-20-5, 60-10-5, 120-5-5

実験 2： 意思決定ノード数 (分岐数) が一定のツリー (5-4-3 ツリー) に対して，経路数を様々に変更する．異なる 6 種類のシミュレーション経路 (1000 本, 3000 本, 5000 本, 7000 本, 10000 本, 15000 本) に対する結果を比較する．

実験 3： 異なる 100 種類の乱数シードおよび 6 種類の経路数の収益率データセットに対する結果を比較する．

その他の設定条件は以下の通りである．

- 基本ケースに対するシミュレーション経路を生成する
- 投資量決定戦略を用いる
- 実験 1 および実験 2 にはモデル 2 を用いる．以下の 16 種類のリスク回避係数に対する問題を解く．
  (a)　$\gamma = \infty$ (リスク最小化問題)
  (b)　$\gamma = 10, 5, 4, 3, 2, 1.5, 1, 0.8, 0.6, 0.5, 0.4, 0.3, 0.2, 0.1$
  (c)　$\gamma = 0$ (期待富最大化問題)

また，実験 3 にはモデル 1 を用いる．計画期末 (4 時点後) の期待富 (W_E) に対する制約値として，1.4.2 項と同じ 5 種類を用いる

1.5.1　実験 1：分岐数の違いによる比較

a. 1 つの時点の分岐数のみを変えていった場合

1-1-1 ツリー (シミュレーション型モデル) から 5-4-3 ツリーまで，1 つの時点の分岐数のみを変えていった場合の 12 種類の拡張決定ツリーに対する効率的フロンティアを図 1.3(左) に示す．シミュレーション型モデル (1-1-1 ツリー) に比べて，1 時点目にのみ条件付き意思決定を入れた 2-1-1 ツリーの効率的フロンティアは急激に左上にシフトする．2 時点目，3 時点目にそれぞれ条件付き意思決定を加えた 2-2-1 ツリー，2-2-2 ツリーの場合も同様に大きく左上にシフトする．しかし，2-2-2 ツリーの場合より大きい分岐数にしてもそれほど大きくシフトせずに徐々に左上にシフトするのみである．このことから，条件付き意思決定の有無が大きく影響すること，ある程度分岐数を増やすと少しずつ分岐数を変えただけではあまり大きく変化しないことがわかる．結果は省略するが，各分岐数ごとの 0 時点の最適投資比率を見ると，1-1-1 ツリー (シミュ

レーション型モデル), 2-1-1 ツリー, 2-2-1 ツリーの結果が他の値と少し離れているが, それを除くとほぼ同じような値を示している.

b. 各時点の分岐数を同一にする N-N-N ツリーの場合

各時点の分岐数を同一にする 12 種類の N-N-N ツリーに対する効率的フロンティアを図 1.3(右) に示す. 分岐数を増加させると, 図 1.3(左) と同様に, 効率的フロンティアが左上にシフトする. しかし, 分岐数の増加割合が大きいため, 図 1.3(左) よりも大きくシフトする. また, 徐々に最大リスク値も低下する. 結果は省略するが, 各分岐数 (ツリー) ごとの 0 時点の最適投資比率を見ると, 分岐数を増加させるに従って, よりリスキーな資産である CB や株式の投資比率が徐々に増加している. この理由は, 分岐数が増加すると 1 時点以降のノード数が増加し (意思決定の自由度が高まり), 期待富を増加させるために 0 時点においてよりリスキーな資産に投資したとしても, リスクを十分にコントロールできるからである.

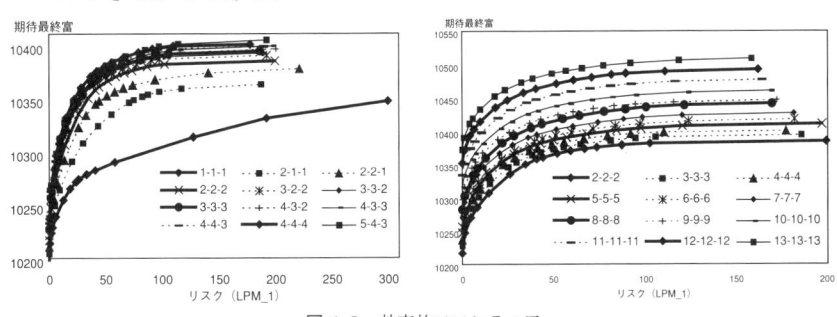

図 1.3 効率的フロンティア

c. 3 時点 ($T-1$時点) でのノード数が同一の場合

3 時点 ($T-1$時点) でのノード数を同一にするという条件のもとで, 分岐方法を変えていった場合の 5 種類のノード数に対する効率的フロンティアを図 1.4 に示す. この結果から, 表 1.4 のように各ノード数ごとにいくつかのグループに分けることができる.

設定したツリーの違いによって, 以下の組み合わせで比較を行う.

① 1 時点と 2 時点のノード数がともに異なる組み合わせ
② 1 時点のノード数は同じだが, 2 時点のノード数が異なる組み合わせ
③ 1 時点のノード数は異なるが, 2 時点のノード数は同じ組み合わせ

図 1.4 ノード数が同一の場合の効率的フロンティア

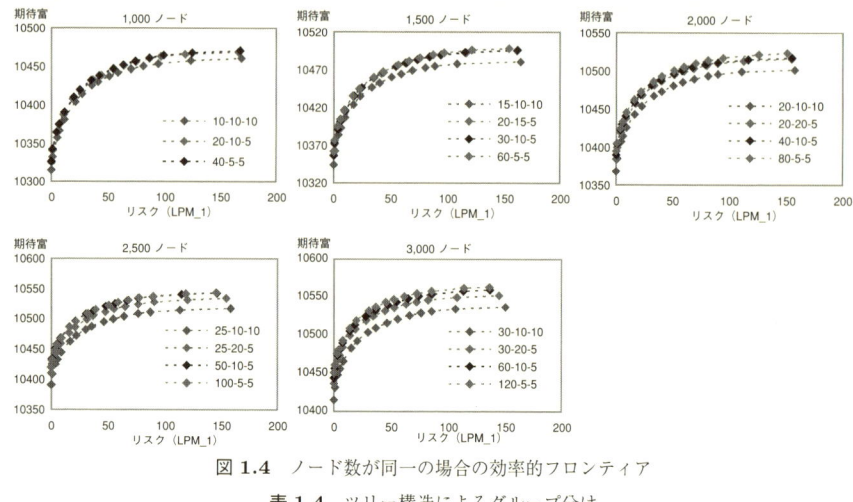

表 1.4 ツリー構造によるグループ分け

		ツリー構造 (2 時点のノード数)	
ノード数	1000 個	10-10-10(100)	20-10-5(200), 40-5-5(200)
	1500 個	15-10-10(150)	20-15-5(300), 30-10-5(300), 60-5-5(300)
	2000 個	20-10-10(200)	20-20-5(400), 40-10-5(400), 80-5-5(400)
	2500 個	25-10-10(250)	25-20-5(500), 50-10-5(500), 100-5-5(500)
	3000 個	30-10-10(300)	30-20-5(600), 60-10-5(600), 120-5-5(600)

経路数が同じであるため，将来時点でのノード数が多いほど，ノードを通る経路数が減少し，効率的フロンティアは左上にシフトする．効率的フロンティアは ① の場合に最も異なるが，② の場合も同様に異なる．一方，③ の場合には似た効率的フロンティアが得られる場合が多い．③の場合，1 時点のノードを通る経路数は異なるが，1 時点ではノードを通る経路数が多いため，②の場合のように，2 時点で異なるよりも影響は小さいと考えられる．

1.5.2　実験 2：経路数の違いによる比較

異なる 6 種類の経路数に対する効率的フロンティアを図 1.5 に示す[*10]．経路数 1000 本に比べて 3000 本の場合の効率的フロンティアは大きく右下にシフ

[*10] 経路数が異なると，乱数シードが同じでも全く異なる収益率データセットを生成するために，サンプリングエラーの問題が生じ，直接比較することは難しい．そこで，乱数シードを同じにせずに，経路ごとにそのリスク値が 1.5.3 項で計算する 100 種類のリスク値の平均値に最も近い値を持つ乱数シードを用いる．サンプリングエラーの問題は 1.5.3 項で検討する．

1.5 モデル分析

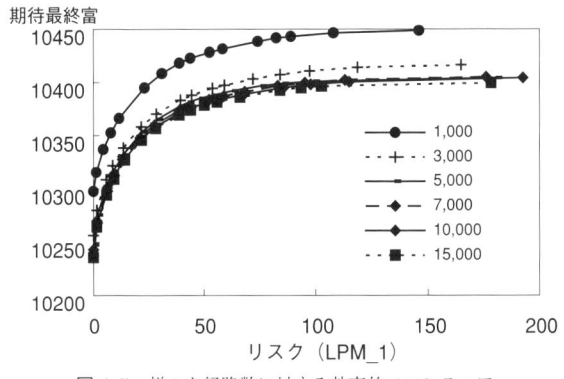

図 1.5 様々な経路数に対する効率的フロンティア

トする．5000本，7000本，10000本，15000本となるにつれて，右下にシフトするが，その幅は徐々に狭くなる．結果は省略するが，経路数が異なっても，γの変化に伴う各資産ごとの0時点の最適投資比率はそれほど変わらない．1000本の場合，他の値と少し離れているが，それを除くとほぼ同じような値を示している．

1.5.3 実験3：サンプリングエラーの検討

乱数シードおよび経路数の異なる100種類の収益率データセットに対する最適解を求め，その最適解の分布を調べる．そして，経路数が増加することによって最適解の分布に関する統計量がどのように変化するかを調べる．

図1.6に5種類の期待富の水準に対する6種類の経路数とリスク値の関係を示す．5本の線はそれぞれ上から100種類の最適解の最大値，75%点，50%点，25%点，最小値を表す．図1.6の右下図は，6種類の経路数と平均リスク値の関係を示す．1.5.2項でも示したように，経路数が増加すると効率的フロンティアは右下にシフトする．図1.6を見ると，経路数が15000本までは経路数を増加させても，リスク値は収束するようには見えない．しかし，徐々にその傾きは小さくなっていくので，さらに経路数を増加させると，平均値はある一つの値に収束することが期待される．一方，標準偏差の値は平均値が収束しないため，経路数を増加させても小さくはならない．しかし，リスク値の水準が大きくなっているので，相対的に(変動係数で)見るとばらつきは徐々に小さくなる．

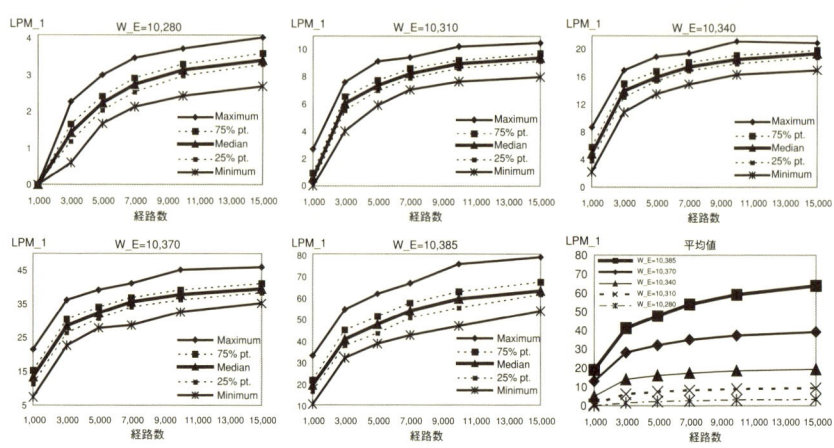

図 1.6　経路数とリスク値 (LPM_1) の関係

　杦々木 (2002a) のシミュレーション型モデルに対するサンプリングエラーの数値実験と比べてみよう．期間数は 3 期間であるが，シミュレーション型モデルの場合，乱数シード 100 種類のリスクの平均値は，経路数が 500 本でも 10000 本でも同じような値となる．また，経路数を増加させると，サンプリングエラー (標準偏差) を減少させることができる．しかし，混合型モデルの場合は，経路数 15000 本でも乱数シード 100 種類のリスクの平均値が収束せず，標準偏差もあまり改善しない．経路数が少ない場合，サンプリングエラーの問題はシミュレーション型モデルよりも，十分に考慮して意思決定を行う必要がある．この数値実験に用いた 5-4-3 ツリーでは経路数が 15000 本の場合，3 時点では各決定ノードに対し，250 本の経路によって不確実性を記述する．サンプリングエラーを減少させるためには，より多くのシミュレーション経路が必要である．数値実験に用いた計算機では，経路数は 15000 本が限界のため，経路数を固定するならば，分岐数を減らす (ツリーを小さくする) ことにより，サンプリングエラーを減少させることができると考えられる．このことを確かめるためには，今後様々な分岐数 (ツリー) に対して同様の実験を行う必要がある．

　次に，0 時点における最適投資比率の平均値と標準偏差を表 1.5 に示す．この数値実験では，ある一定の要求期待富に対するリスク値の分布を調べるために，モデル 1 を用いる．経路数が増加すると同一の期待富に対してリスクは大

1.5 モデル分析

表 1.5 最適投資比率の平均値と標準偏差 (0 時点)

		平均値 (単位:%)						標準偏差 (単位:%)					
株式		経路数						経路数					
		1000	3000	5000	7000	10000	15000	1000	3000	5000	7000	10000	15000
W_E	10280	2.0	1.9	2.1	2.5	2.5	2.5	1.7	1.1	0.8	0.8	0.6	0.6
	10310	2.1	2.6	2.9	3.0	3.1	3.2	1.9	1.3	0.9	0.9	0.7	0.5
	10340	2.8	3.4	3.8	3.8	4.1	4.3	2.0	1.5	1.0	1.0	0.8	0.7
	10370	3.8	5.2	5.8	6.0	6.3	6.7	2.2	1.7	1.1	1.1	1.0	1.0
	10385	4.8	6.7	7.5	8.5	8.5	8.4	2.8	1.8	1.5	1.3	1.4	1.3
債券		経路数						経路数					
		1000	3000	5000	7000	10000	15000	1000	3000	5000	7000	10000	15000
W_E	10280	28.8	32.0	34.9	36.1	37.0	37.9	5.6	3.7	2.7	2.4	2.0	1.7
	10310	30.2	42.3	44.5	45.7	46.6	47.7	7.0	4.1	2.8	2.8	2.4	2.2
	10340	40.5	53.3	56.7	58.3	59.7	61.1	6.8	4.7	3.4	3.0	3.2	2.6
	10370	53.3	63.4	61.0	58.6	56.6	54.8	7.9	2.6	3.0	2.5	2.7	2.6
	10385	60.5	52.5	45.7	37.8	30.7	24.1	6.9	5.6	7.3	6.1	6.6	5.8
CB		経路数						経路数					
		1000	3000	5000	7000	10000	15000	1000	3000	5000	7000	10000	15000
W_E	10280	10.7	14.1	15.0	15.0	15.4	15.5	2.9	2.2	1.5	1.4	1.1	0.9
	10310	14.1	18.2	19.0	19.2	19.5	19.7	3.2	2.3	1.7	1.5	1.2	1.0
	10340	18.8	23.1	24.0	24.7	25.1	25.3	3.4	2.7	1.7	1.6	1.6	1.1
	10370	23.5	31.2	33.3	35.5	37.2	38.5	3.8	3.2	2.9	2.5	2.6	2.5
	10385	26.4	40.8	46.8	53.7	60.8	67.4	5.0	5.5	6.9	6.0	6.6	5.9
現金		経路数						経路数					
		1000	3000	5000	7000	10000	15000	1000	3000	5000	7000	10000	15000
W_E	10280	58.5	51.9	48.0	46.5	45.2	44.0	5.0	3.6	2.7	2.6	2.1	1.8
	10310	53.7	36.8	33.6	32.1	30.9	29.3	7.3	4.2	3.0	2.8	2.6	2.4
	10340	38.0	20.2	15.5	13.2	11.1	9.4	7.7	4.8	3.8	3.1	3.7	2.9
	10370	19.5	0.1	0.0	0.0	0.0	0.0	9.2	0.7	0.0	0.0	0.0	0.0
	10385	8.4	0.0	0.0	0.0	0.0	0.0	8.3	0.0	0.0	0.0	0.0	0.0

きくなるため，投資比率を単純に比較することはできないが，それを踏まえた上で特徴を考察する．

0 時点においては，経路数が増加するにつれて，株式と CB の投資比率が増加し，現金と債券の投資比率は減少する．また，$W_E = 10385$ の場合の債券と CB を除いて，標準偏差は経路数が増加するにつれて減少する．経路数を増加させると，サンプリングエラーを減少させることができる．債券と CB は収益率の似た資産であり，ちょうど $W_E = 10385$ のあたりで入れ替えが行われ，乱数シードの違いにより大きな差が出たと考えられる．線形計画問題の最適解は端点解であり，少しの入力パラメータの変動により，大きく最適解が変化する可能性があるという特徴がある．したがって，この点に関してはサンプリングエラーだけでなく，最適解が大きく変わりやすいという特徴も考慮して分析する必要がある．

1.6 取引戦略の違いによる比較

1.2.2 項 b. において，投資量関数の違いによって，投資量決定戦略，投資額決定戦略，投資比率決定戦略を記述できることを示した．シナリオツリー型モデルでは，どの戦略を用いても同一の最適解が得られるが，混合型モデルでは最適解は異なる．そこで，取引戦略の違いにより，どのように最適解が異なるかを数値実験により調べる[*11]．設定条件は以下の通りである．

- シミュレーション経路：10000 本
- モデル2を用いる．リスク回避係数には 1.5 節と同じ 16 種類を用いる

1.6.1 基本ケースの場合

図 1.7 に 3 種類の取引戦略に対する効率的フロンティア，図 1.8 に各時点の平均投資比率を示す．

効率的フロンティアの左下 (γ の値が大きく，期待富とリスクが小さい組み合わせ) ではほぼ同じであるが，効率的フロンティアの右上 (γ の値が小さく，期待富とリスクが大きい組み合わせ) にいくにつれて，投資比率決定戦略の方が

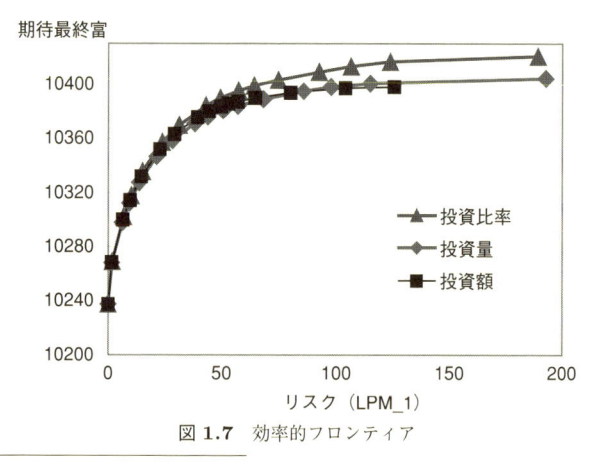

図 1.7 効率的フロンティア

[*11] 投資比率決定戦略モデルは非凸非線形計画問題となるため，ここでは近似解を得るための計算アルゴリズムを用いて最適解を求めている．詳しくは，枇々木 (2004), Hibiki(2006) を参照されたい．

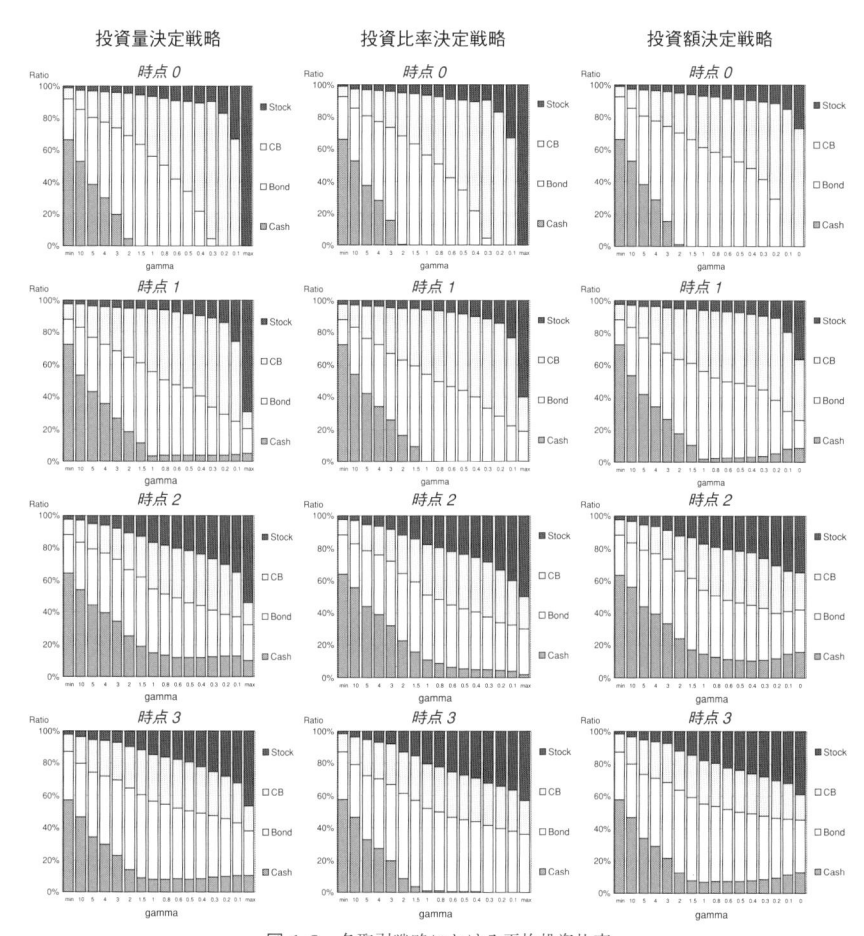

図 1.8 各取引戦略における平均投資比率

投資量決定戦略に比べて，より左上に効率的フロンティアは位置している．投資額決定戦略も同様に，投資比率決定戦略よりもよい解を得ることはできない．投資比率決定戦略が投資量決定戦略や投資額決定戦略よりも有利な理由は，現金の保有に関する制約がないからである[*12)]．説明のため，リスク資産が 1 つ

[*12)] 投資量決定戦略は，リスク資産への投資量を決定ノード内で同一にする必要がある．同じ決定ノードには似たような資産価格 (収益率) を持つ経路が入るが，投資額は同一にならない．各経路ごとの富も同一ではなく，富とリスク資産の投資額の差も経路ごとに異なるため，その差は現金で持たなければならない．投資額決定戦略も同様の理由で富とリスク資産の投資額の差を現金で持つ必要がある．

の場合を考え，できるだけリスク資産を多く買う戦略が有利だとしよう．投資量決定戦略に関しては，最も高い価格を持つ経路において，すべての富をリスク資産に投資できるが，その他の経路では現金を持たざるをえない (価格の低い経路で全額投資すると，より高い経路での投資額が富を上回ってしまう)．一方，投資額決定戦略では最も富の小さい経路においては全額をリスク資産に投資できるが，その他の経路では現金を持たざるをえない．それに対し，投資比率決定戦略ではすべての経路で富の 100% をリスク資産に投資することができる．投資量決定戦略および投資額決定戦略では，明示的には現金の制約を入れていないが，結果的に制約されることになる．リスク資産は現金に比べて期待収益率が高いので，特に γ が小さい場合には，リスク資産へ多く投資するポートフォリオが望ましい．しかし，このようなポートフォリオを構成できないため，結果的に投資比率決定戦略が有利になる．

図 1.8 の γ が 1 以下の場合を見てみよう．1 時点と 3 時点では投資比率決定戦略が現金へほとんど投資をしていないのに対し，投資量決定戦略と投資額決定戦略では現金への投資を行っている．2 時点においては投資比率決定戦略でも 5～10% 投資を行っているが，投資量決定戦略と投資額決定戦略は 15% 以上投資を行っている．しかも，投資比率決定戦略では γ が小さくなるにつれて現金の比率を下げているが，投資量決定戦略と投資額決定戦略ではほとんど変わりがない．

これらのことを確認するために，現金に 5%, 10%, 15%, 20% の 4 種類の下限制約をつけて問題を解いた．図 1.9 には，5%, 10% のときの結果を示す．下限制約 5% では投資比率決定戦略が有利である．10% 以上の下限制約を加えると，リスク回避度によって最適解は変わるが，効率的フロンティアはどの戦略もほぼ同じになる．

投資額決定戦略と投資量決定戦略を比べてみよう．投資額決定戦略は投資量決定戦略よりも効率的フロンティアの右上 (γ の値が小さく，期待富とリスクが大きい組み合わせ) では不利であるが，真ん中では有利である．効率的フロンティアの左下 (γ の値が大きく，期待富とリスクが小さい組み合わせ) ではほぼ同じである．効率的フロンティアの右上で投資量決定戦略が有利な理由も現金の保有に関する制約で説明できる．投資額決定戦略は最も富の小さい経路が影

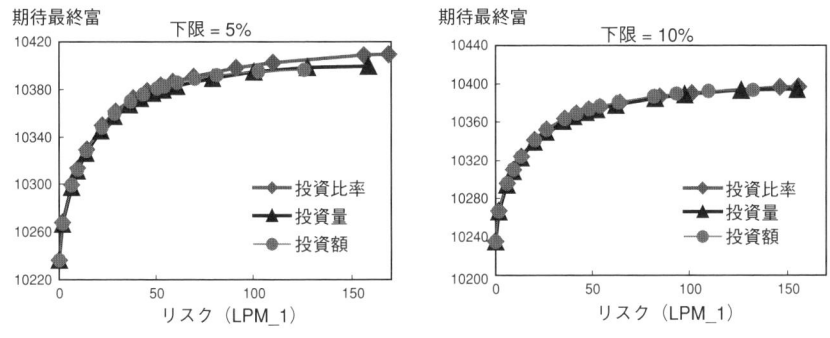

図 1.9　現金の下限制約を含む場合の効率的フロンティア

響を与えるのに対し，投資量決定戦略は最も高い資産価格を持つ経路が影響を与える．リスク資産を複数組み合わせることによって，現金の保有に関する制約は投資額決定戦略よりも緩和できると考えられる．図 1.8 を見てみると，小さい γ に対する現金の比率は投資額決定戦略の方が高い．また，現金の保有に関する制約がきついため，実行可能領域も狭くなり，投資額決定戦略の効率的フロンティアは短い．このことは図 1.9 の 5%, 10% の下限制約がある場合にも現れている．投資額決定戦略が効率的フロンティアの真ん中で有利な理由は，基本ケースの設定条件のためと考えられる．投資額決定戦略は逆バリ戦略であり，負の相関が高いときに有利な戦略である．この点については 1.6.2 項の相関ケースで議論する．

1.6.2　相関ケースの場合

各取引戦略と時系列相関の関係について調べるために，基本ケースと同じ分析を行う．図 1.10 に 3 種類の取引戦略に対する効率的フロンティア，図 1.11 に 0 時点の最適投資比率を示す．ただし，図 1.11 は，cm5, cm2, cp0, cp2, cp5 の 5 ケースのみを示す．

図 1.10 を見ると，すべての相関パラメータ c において投資比率決定戦略の効率的フロンティアは投資量決定戦略と投資額決定戦略を上回っている．この関係は基本ケースにおいても成り立っており，取引戦略としての優位性を表している．しかし，相関パラメータ c の値によって，その関係は異なる．まずはじめに，投資比率決定戦略と投資量決定戦略を比べてみよう．相関パラメータ c

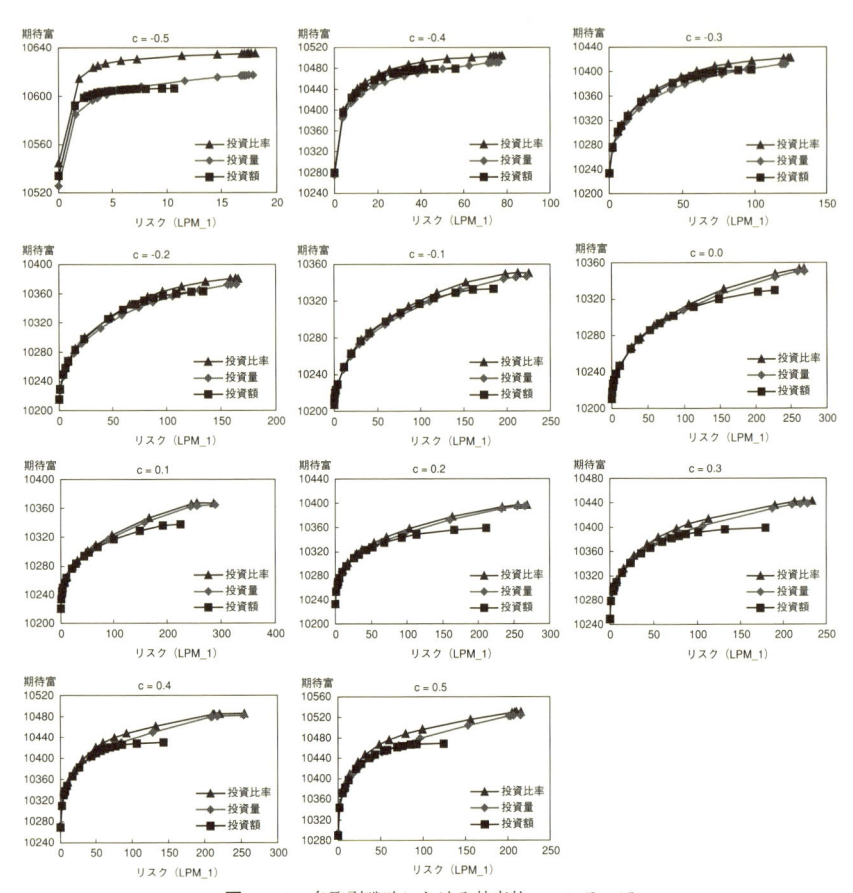

図 1.10 各取引戦略における効率的フロンティア

の絶対値が小さい (無相関に近い) 場合, 投資比率決定戦略と投資量決定戦略の効率的フロンティアは近く, c の絶対値が大きくなるにつれて, その差は大きくなる.

相関パラメータ c の絶対値が大きければ, 将来の収益率を予想できる度合いが大きくなる. たとえば, c が大きな正の値であるならば, 小さい正の値の場合に比べて, 価格が上昇 (下降) すれば, 次期も価格は上昇 (下降) しやすいことを表すからである. c の値が負の場合も同様のことがいえる. したがって, よりリスキーな資産に投資しても無相関の場合に比べて, リスク値を小さくすることができる. そのため, 現金で保有するよりも株式などのよりリスキーな資

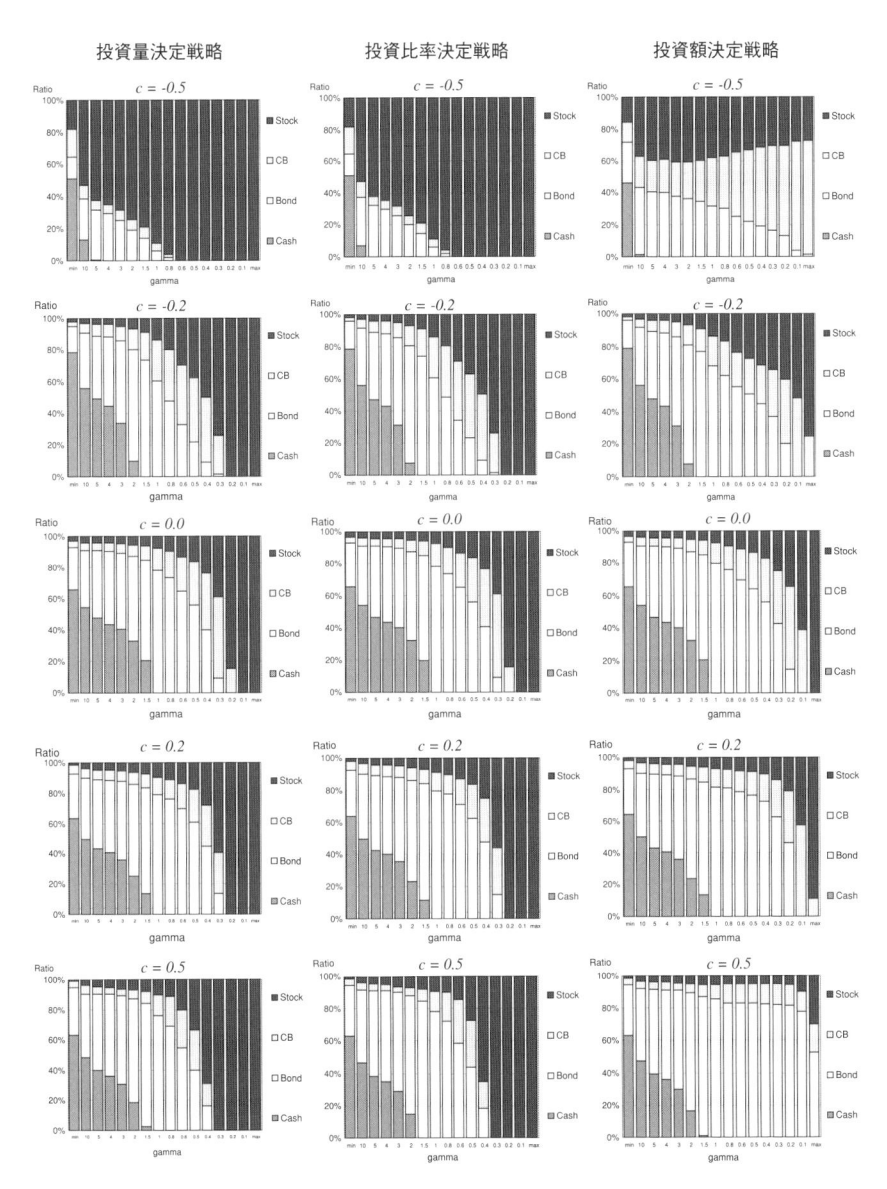

図 1.11 各取引戦略における平均投資比率 (0 時点)

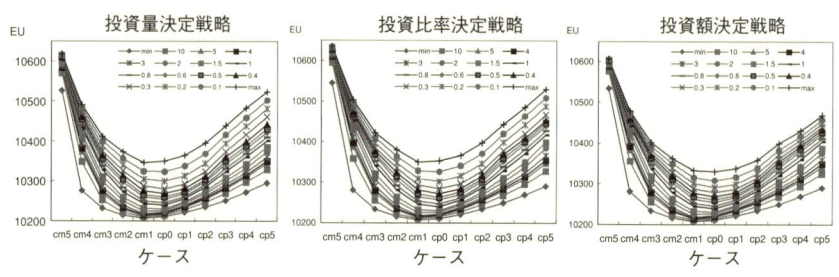

図 1.12 各取引戦略の目的関数値

産に投資することが有利になり，現金を必ずしも保有する必要のない投資比率決定戦略が投資量決定戦略より有利になる．

図 1.11 の最適投資比率を見ると，相関パラメータ c の絶対値が大きい場合の株式への投資比率は，絶対値が小さい場合に比べて大きくなっており，このことを裏付けている．$c = -0.5$ の場合が $c = 0.5$ の場合に比べてその差が大きいのは，時間分散効果でより多くの株式に投資しやすいためである．

図 1.12 に各取引戦略の目的関数値 EU を示す．相関パラメータ c の絶対値が大きいほど，目的関数値は大きくなる．この理由は先述したように，c の絶対値が大きければ，将来の収益率を予想できる度合いが大きくなるからである．特に c の値が大きな負値の (負相関を表す) 場合，期待富の値が大きくなり，リスク値が小さくなることが図 1.10 にも現れている．

図 1.10 に戻って，投資量決定戦略と投資額決定戦略を比べてみよう．投資量決定戦略は順バリ戦略，投資額決定戦略は逆バリ戦略であるため，相関パラメータ c が 0 以上 (正相関) の場合，投資量決定戦略の効率的フロンティアは投資額決定戦略を上回る．一方，c が負の場合，逆バリ戦略が順バリ戦略よりも有利であるため，投資額決定戦略が投資量決定戦略を上回る．ただし，γ の値が小さい場合，よりリスキーな資産を増やし，現金を減らした方が有利なので，図 1.7 と同様に，c の値に関わらず，投資量決定戦略が投資額決定戦略を上回る．$c = -0.5$ の場合，その他の値に比べて，γ の小さいところで投資量決定戦略が投資額決定戦略を上回りやすくなる．この理由は，$c = -0.5$ では他に比べて株式への投資比率が高いため，逆バリ戦略のメリットよりも現金保有のデメリットが大きくなるためである．

1.7 おわりに

本章では，投資量関数を用いて，混合型モデルのより一般的な定式化の方法を説明した．様々な投資量パラメータを用いて様々な取引戦略を記述できることを示した．さらに，拡張決定ツリーの生成方法として，逐次的クラスタリング法，ポートフォリオベースクラスタリング法の2つの方法を示し，それらを数値実験によって比較した．その結果，シミュレーション型モデルで問題を解いたときに得られる最適解を用いたポートフォリオベースクラスタリング法 (S-PBC法) が最もよいという結果が得られた．ただし，シミュレーション型モデルで問題を解くときのリスク回避パラメータの値は問題に依存するので，適用する問題に応じてパラメータ値を変更しなければならない．

混合型モデルの特徴を調べるために，数値実験によって分岐数や経路数の違いによる影響やサンプリングエラーについて調べた．分岐数が多くなればなるほど，効率的フロンティアは左上にシフトする．一方，経路数が多くなればなるほど，効率的フロンティアは右下にシフトする．分岐数と経路数はできる限り大きい方が望ましいが，問題の規模が大きくなるために，コンピュータリソースや計算時間が制約となる．分岐数と経路数の関係はまだ未解決の問題である．混合型モデルのサンプリングエラーの問題は，収束の精度がシミュレーション型モデルよりも悪く，注意が必要である．最適な分岐数と経路数の組み合わせとサンプリングエラーの問題は，コンピュータリソースの大きい環境で数値実験を行い，特徴を見出す必要がある．

取引戦略の比較実験においては，投資比率決定戦略が他の2つの取引戦略 (投資量決定戦略，投資額決定戦略) よりも優位であることがわかった．この原因は主に現金保有に関する問題であり，ある程度現金保有を許すパラメータの設定では，あまり差がないこともわかった．

今後の課題は，上記の問題についてさらに検討することや，様々なシナリオ生成モデルに対する数値実験を行い，混合型モデルの特徴を考察することである．

本章は紙面の都合上，多くの数値実験結果 (図表) を省略した．これらの結果に興味のある方は枇々木 (2004) を参照していただきたい． 〔枇々木規雄〕

文　　献

1) 齋藤直紀・枇々木規雄 (2001) 市場リスクと信用リスクを考慮した銀行の資産負債管理に対する確率的最適化モデル. 日本金融・証券計量・工学学会 2001 年夏季大会予稿集, 330–349.
2) 多田羅智之・枇々木規雄 (2001) 多期間確率計画モデルの年金 ALM への適用. 日本金融・証券計量・工学学会 2001 年夏季大会予稿集, 350–366.
3) 枇々木規雄 (2001a) 金融工学と最適化 (経営科学のニューフロンティア 5), 朝倉書店.
4) 枇々木規雄 (2001b) 戦略的資産配分問題に対する多期間確率計画モデル. *Journal of Operations Research Society of Japan*, **44** (2), 169–193.
5) 枇々木規雄 (2001c) 最適資産配分問題に対するシミュレーション/ツリー混合型多期間確率計画モデル (高橋 一編), ジャフィー・ジャーナル (金融工学の新展開), 2001 年 6 月, 89–119.
6) 枇々木規雄 (2002a) シミュレーション型多期間確率計画モデルに対する数値実験による考察. 日本金融・証券計量・工学学会 2002 年夏季大会予稿集, 81–100.
7) 枇々木規雄 (2002b) コンパクト表現によるシミュレーション型多期間確率計画モデルの定式化. *Journal of Operations Research Society of Japan*, **45**(4), 529–549.
8) 枇々木規雄 (2004) 最適資産配分のためのシミュレーション/ツリー混合型多期間確率計画モデル —— 一般的なモデル化の方法, 数値実験による考察 ——. 慶應義塾大学理工学部管理工学科 テクニカルレポート, No. 2004-002.
9) 枇々木規雄・小守林克哉・豊田暢子 (2005) 多期間最適化手法を用いた世帯の資産形成モデル. 日本保険・年金リスク学会誌, **1**(1), 45–68.
10) 枇々木規雄・田辺隆人 (2003) 多期間ポートフォリオ最適化問題におけるモデリング技術と実装 (計算) 技術の重要性 (高橋 一・池田昌幸編), ジャフィー・ジャーナル (金融工学と資本市場の計量分析), 2003 年 5 月, 81–114.
11) 枇々木規雄・茶野 努 (2002) 公的年金への多期間最適化モデルの適用. 慶應義塾大学理工学部管理工学科 テクニカルレポート, No. 02-002.
12) 本多俊毅 (1999) 投資機会が変動する場合の最適ポートフォリオについて. 現代ファイナンス, **6**, 19–45.
13) 吉田 靖・山田泰之・枇々木規雄 (2002) 家計の金融資産配分問題に対する多期間最適化モデル. 慶應義塾大学理工学部管理工学科 テクニカルレポート, No. 02-003.
14) Bogentoft, E., Romeijn, H. and Uryasev, S.(2001) Asset/liability management for pension funds using CVaR constraints. *Journal of Risk Finance*, Fall 2001, 57–71.
15) Brennan, M.J., Schwartz, E.S. and Lagnado, R. (1997) Strategic asset allocation. *Journal of Economic Dynamics and Control*, **21**, 1377–1403.
16) Cariño, D.R. and Ziemba, W.T. (1998) Formulation of the Russell–Yasuda Kasai financial planning model. *Operations Research*, **46** (4), 433–449.
17) Cariño, D.R., Myers, D.H. and Ziemba, W.T. (1998) Concepts, technical issues, and uses of the Russell–Yasuda Kasai financial planning model. *Operations Research*, **46** (4), 450–462.

18) Cariño, D.R., Kent, T., Myers, D.H., Stacy, C., Sylvanus, M., Turner, A.L., Watanabe, K. and Ziemba, W.T. (1998) The Russel–Yasuda Kasai model: An asset/ liability model for a Japanese insurance company using multistage stochastic programming. Ziemba and Mulvey[28].
19) Harlow, W.V. (1991) Asset allocation in a downside-risk framework. *Financial Analysis Journal*, September-October 1991, 28–40.
20) Hibiki, N.(2003) Hybrid simulation/tree stochastic optimization model for dynamic asset allocation. *Asset and Liability Management Tools: A Handbook for Best Practice* (Scherer, B. ed.), Risk Books.
21) Hibiki, N. (2006) Multi-period stochastic optimization models for dynamic asset allocation. *Journal of Banking and Finance*, **30**(2), 365–390.
22) Maros, I. and Mészáros, C. (1998) The role of the augmented system in interior point methods. *European Journal of Operational Reserach*, **107**, 720–736.
23) Merton, R.C. (1969) Lifetime portfolio selection under uncertainty: The continuous-time case. *Review of Econmics and Statistics*, **51**, 247–257.
24) Mulvey, J.M. and Thorlacius, A.E. (1998) The Towers Perrin global capital market scenario generation system. Ziemba and Mulvey[28].
25) Mulvey, J.M. and Ziemba, W.T. (1995) Asset and liability allocation in a global environment. *Handbooks in OR & MS*, vol.9 (Jarrow, R. A., Maksimovic, V. and Ziemba, W. T. eds.), Elsevier Science Publishers (枇々木規雄訳 (1997) グローバル環境における資産負債配分. ファイナンスハンドブック (今野 浩・古川浩一監訳), 朝倉書店).
26) Mulvey, J.M. and Ziemba, W.T. (1998) Asset and liability management systems for long-term investors: discussion of the issues. Ziemba and Mulvey[28].
27) Samuelson, P.A. (1969) Lifetime portfolio selection by dynamic stochastic programming. *Review of Econmics and Statistics*, **51**, 239–246.
28) Ziemba, W.T. and Mulvey, J.M. eds.(1998) *Worldwide Asset and Liability Modeling*, Cambridge University Press.

2

変額保険リスクとVaRの推定

2.1 はじめに

VaR（バリューアットリスク：value at risk）は，リスク資産の価格変動に基づくリスクを計量する尺度として最も広く利用されているものである．統計学的にいうと VaR は，リスク資産の収益率を確率変数とみなしたときの，その確率分布の分位点であり，収益率データから推定される．

従来の金融リスク管理では保有期間が1日，10日というような短期間の VaR が利用されてきたが，近年保険業では，変額保険のリスク管理の必要性から保有期間が1年，5年，10年など，長期間の VaR が利用されている．保有期間が長期の VaR は長期収益率データを用いて推定される．ここで長期収益率とは，月次収益率データをもとに計算される年次収益率，5年収益率など保有期間が長期の収益率を意味するものとする．長期収益率データの標本の大きさが小さいこと，また長期収益率と短期収益率とでは統計的特性が異なること，などの理由から，保有期間が長期の VaR の推定には短期の場合とは異なる特有の問題が存在する．

たとえば保有期間が1年の VaR の推定量としては，利用可能なすべての年次収益率データの標本分位点を用いることが考えられる．これらの年次収益率は収益率計測の期間が部分的に重複しているので，本章ではこの方法をオーバーラップ法と呼ぶ．一方，計測期間が全く重複しない年次収益率だけからなるデータの標本分位点で VaR を推定する方法もある．本章ではこの方法をノンオーバーラップ法と呼ぶ．ノンオーバーラップ法を利用している文献として，カナダアクチュアリー協会タスクフォースのレポート (CIA Report, 2002) がある．

CIA レポートでは，いくつかのパラメトリックモデルを用いて得られた分位点推定値をノンオーバーラップ法による分位点推定値と比較することによりパラメトリックモデルの妥当性を判断し，テイル検定基準と呼ばれる数値の作成に利用している．CIA レポートにおける VaR 計算の方法およびテイル検定基準については，田中・松山 (2004), 国友・一場 (2006) が解説している．国友・一場 (2006) は長期のリスク管理法を解説するとともにいくつかの VaR 推定方法を提案している．

確率分布の分位点の推定は，確率分布の下側確率の推定と密接に関連している．本章の主要な目的はオーバーラップ法とノンオーバーラップ法による，対数収益率分布の下側確率および分位点の推定量の理論的比較を行うことである．まず，2.2 節ではモデルを説明する．2.3 節では対数収益率分布の下側確率推定に関する理論的結果を与える．2.4 節では対数収益率分布の分位点推定量の漸近的結果を与える．2.5 節では他の推定量を簡単に紹介する．2.6 節でまとめを行う．

2.2 モデル

あるリスク資産の時点 i における価格を S_i で表す．正の整数 m と実数 $p \in (0,1)$ に対して，リスク資産の価格変化 $\Delta S_i = S_i - S_{i-m}$ の p 分位点を保有期間 m の $100(1-p)\%$ VaR という．すなわち

$$P(\Delta S_i \leq \xi_p) = p \tag{2.1}$$

を満たす ξ_p が保有期間 m の $100(1-p)\%$ VaR である．対数収益率を

$$R_i = \log(S_i/S_{i-m}) \tag{2.2}$$

で定義する．ただし，log は自然対数を意味する．R_i の p 分位点を r_p で表せば，$100(1-p)\%$ VaR は

$$\xi_p = S_t(e^{r_p} - 1) \tag{2.3}$$

であることがわかる．したがって，$100(1-p)\%$ VaR を求めるためには対数収

益率 R_i の p 分位点 r_p を推定することが必要である．VaR に関する日本語の教科書としては木島 (1999) や山下 (2000) などがある．

本章の結果が成り立つためには時間の単位を特定化する必要はないが，わかりやすくするため S_i を月次の価格であるとしよう．データとして

$$S_i, \quad (i = -m+1, -m+2, \ldots, 0, 1, \ldots, N)$$

が利用可能であるとする．このとき

$$Y_i = \log(S_i/S_{i-1}), \quad (i = -m+2, -m+3, \ldots, 0, 1, \ldots, N) \quad (2.4)$$

は月次の対数収益率である．$m \geq 2$ に対して m 期間対数収益率 R_i を以下のように定義する．

$$R_i = Y_{i-m+1} + Y_{i-m+2} + \cdots + Y_i, \quad (i = 1, 2, \ldots, N) \quad (2.5)$$

ここで N は m 期間対数収益率の個数である．R_i は，$m = 6$ のときは半年次収益率,$m = 12$ のときには年次収益率になる．実数 x が与えられているものとする．本章で主に扱う仮定は以下である．

仮定 1 $\{R_i\}_{i=1}^{N}$ は $(m-1)$ 従属であり，R_i の下側確率 $P(R_i \leq x)$ は同一である．

ただし確率変数列 $\{R_i\}_{i=1}^{N}$ が $(m-1)$ 従属であるとは，$|i-j| > m-1$ ならば R_i と R_j は独立であることを意味する．$\{R_i\}_{i=1}^{N}$ の定常性は仮定しない．下側確率が同一であるとは，与えられた $x \in \mathbf{R}$ に対して

$$P(R_i \leq x) = P(R_j \leq x), \quad (i, j = 1, 2, \ldots, N) \quad (2.6)$$

が成り立つことを意味する．また，R_i の確率分布のパラメトリック形は仮定しない．仮定 1 を満たす例を 2 つ挙げる．

例 1 Y_i $(i = -m+2, -m+3, \ldots, 0, 1, \ldots, N)$ は i.i.d. 確率変数列である．

ただし，i.i.d. 確率変数列とは，独立で同一の確率分布を持つ確率変数列のことである．例 1 では，$\{R_i\}_{i=1}^{N}$ は定常である．

例 2 Y_i $(i = -m+2, -m+3, \ldots, 0, 1, \ldots, N)$ は独立で,さらに各 $i, j = -m+2, -m+3, \ldots, N$ に対して

$$|j - i| = m \text{ のとき } Y_i \text{ と } Y_j \text{ の周辺確率分布は同一である.} \quad (2.7)$$

このとき $R_i (i = 1, 2, \ldots, N)$ は同一の周辺確率分布を持つことがわかる.また $\mathrm{Cov}(R_i, R_{i+1}) \neq \mathrm{Cov}(R_{i+1}, R_{i+2})$ であるから $\{R_i\}_{i=1}^N$ は定常ではない.例 2 で S_i が月次価格で $m = 12$ のときには,(2.7) 式は同じ月の対数収益率は同一の確率分布に従うことを意味し,「月効果モデル」といえる.

与えられた $p \in (0, 1)$ に対して,R_i の p 分位点の推定方法について説明する.任意の N に対して,整数 n, k_N $(n \geq 0, m > k_N \geq 0)$ があって

$$N = nm + k_N \quad (2.8)$$

の形に一意的に書くことができる.r_p の自然な推定量は $R_i (i = 1, 2, \ldots, N)$ の p 標本分位点 $\hat{r}_p$ である.また,Y_i が重複しないように選んだ

$$R_m, R_{2m}, \ldots, R_{nm}$$

の p 標本分位点 $\tilde{r}_p$ も使用されることがある.$\hat{r}_p$ と $\tilde{r}_p$ のどちらがより望ましい推定量であるかは自明ではない.本章の主要な目的の一つは $\hat{r}_p$ と $\tilde{r}_p$ の理論的性質を調べることである.2.3 節では下側確率 $P(R_1 \leq x)$ の推定を論じ,2.4 節では対数収益率の分位点の推定に関する結果を与える.一定の条件のもとでは,$\hat{r}_p$ の漸近分散が $\tilde{r}_p$ の漸近分散より小さいことを示す.2.5 節では国友・一場 (2006) の考案した推定量とそれに関連する推定量について述べる.

2.3　下側確率の推定

与えられた $x \in \mathbf{R}$ に対して,下側確率

$$F(x) = P(R_1 \leq x)$$

の推定を考える.この値は収益率が x 以下になる確率であり,その推定は応用

上重要性を持つ．また，2.3.1 項の結果は，2.4 節で分位点推定量の漸近分散を比較するときにも利用される．

2.3.1　$(m-1)$従属確率過程の場合

自然な推定量は経験確率

$$F_N(x) = \frac{1}{N}\sum_{i=1}^{N} I(R_i \le x) = \frac{1}{N}\sum_{i=1}^{N} Z_i \qquad (2.9)$$

である．ただし $Z_i = I(R_i \le x)$ である．ここで $I(\cdot \le x)$ は定義関数, つまり

$$I(R_i \le x) = \begin{cases} 1, & R_i \le x \text{ のとき} \\ 0, & R_i > x \text{ のとき} \end{cases}$$

である．仮定 1 のもとで $\{Z_i\}_{i\ge 1}$ は $(m-1)$ 従属であることに注意せよ．このとき $E[F_N(x)] = F(x)$ である．また $|\mathrm{Cov}(Z_i, Z_j)| \le 1$ だから

$$\begin{aligned}
\mathrm{Var}\,(F_N(x)) &= \frac{1}{N^2}\sum_{i=1}^{N}\sum_{j=1}^{N}\mathrm{Cov}(Z_i, Z_j) \\
&= \frac{1}{N^2}\sum_{|i-j|\le m-1}\sum \mathrm{Cov}(Z_i, Z_j) \\
&\le \frac{2m-1}{N} - \frac{m(m-1)}{N^2} \to 0, \quad (N\to\infty) \qquad (2.10)
\end{aligned}$$

が成り立つ．したがって $N \to \infty$ のとき $F_N(x)$ は $F(x)$ に確率収束する．すなわち仮定 1 のもとで $F_N(x)$ は一致性を持つ．

リスク管理の現場では，分位点を推定するときに，計測期間が重複しない収益率の標本分位点を用いることがあるが (Hardy, 2003; CIA Report, 2002 等)，この考えに基づく下側確率の推定量を以下で定義する．以下 $N = nm$ の場合を考える．$R_i\ (i=1,2,\ldots,N)$ のうち，足されている Y_i が重複しないように R_i を選ぶと

$$R_m, R_{2m}, \ldots, R_{nm}$$

となる．以下ではこれらを重複しない m 期間対数収益率と呼ぶことにし，R_m, $R_{2m}, \ldots, R_{nm}$ の経験確率を $\tilde{F}_N(x)$ で表すことにする．すなわち

である．

$$\tilde{F}_N(x) = \frac{1}{n}\sum_{i=1}^{n} I(R_{im} \leq x) \tag{2.11}$$

である．$\tilde{F}_N(x)$ の期待値は

$$E(\tilde{F}_N(x)) = P(R_i \leq x) = F(x) \tag{2.12}$$

である．仮定 1 のもとで $R_m, R_{2m}, \ldots, R_{nm}$ は独立だから，$\tilde{F}_N(x)$ の分散は

$$\mathrm{Var}(\tilde{F}_N(x)) = \frac{1}{n}\mathrm{Var}(Z_1) = \frac{m}{N}\mathrm{Var}(Z_1) \tag{2.13}$$

で与えられる．$F_N(x)$ と $\tilde{F}_N(x)$ はともに $F(x)$ の不偏推定量であるから，それぞれの分散で比較することが可能である．

定理 1 で一定の条件のもとで $\mathrm{Var}(\tilde{F}_N(x)) \geq \mathrm{Var}(F_N(x))$ が成り立つことを示すが，その前に $\mathrm{Var}(\tilde{F}_N(x)) < \mathrm{Var}(F_N(x))$ となる例を挙げる．この例によって，$\mathrm{Var}(\tilde{F}_N(x)) \geq \mathrm{Var}(F_N(x))$ が成り立つためには何らかの条件を仮定する必要があることがわかる．

例 3 まず $m = 2, N = m + 1 = 3$ の例である．$(R_1, R_2, R_3)'$ は 3 変量正規分布に従い，相関行列は

$$\begin{pmatrix} 1 & \rho & 0 \\ \rho & 1 & \rho \\ 0 & \rho & 1 \end{pmatrix}$$

で与えられるとする．ただし $\rho = 0.6$ であるとする．このとき相関行列は正値定符号であり，$\{R_1, R_2, R_3\}$ は 1 従属である．まず

$$\Psi_i(x) = P(R_1 \leq x, R_{1+i} \leq x), \quad (i = 0, 1, 2) \tag{2.14}$$

と定義する．この例では $\Psi_i(0), i = 0, 1, 2$ はそれぞれ

$$\Psi_0(0) = P(R_1 \leq 0) = \frac{1}{2} \tag{2.15}$$

$$\Psi_1(0) = P\{R_1 \leq 0, R_2 \leq 0\} = 0.3524 \tag{2.16}$$

$$\Psi_2(0) = P\{R_1 \leq 0, R_3 \leq 0\} = \frac{1}{4} \tag{2.17}$$

である．また $F_N(x), \tilde{F}_N(x)$ はそれぞれ

$$F_N(x) = \frac{1}{3}\sum_{i=1}^{3} I(R_i \leq x) \tag{2.18}$$

$$\tilde{F}_N(x) = \frac{1}{2}[I(R_1 \leq x) + I(R_3 \leq x)] \tag{2.19}$$

となる．このとき

$$\begin{aligned}\operatorname{Var}(\tilde{F}_N(0)) - \operatorname{Var}(F_N(0)) &= \frac{1}{18}[3\Psi_0(0) + 5\Psi_2(0) - 8\Psi_1(0)] \\ &\fallingdotseq \frac{-0.0692}{18} < 0\end{aligned} \tag{2.20}$$

が成り立つ．この例は，$\{R_i\}_{i=1}^{3}$ は 1 従属であるが $N \neq nm$ であるときに $\tilde{F}_N$ が F_N よりも小さい分散を持つ例である．

例 4 次の例は $m=2, n=2$ の例である．$(R_1, R_2, R_3, R_4)'$ は 4 変量正規分布に従い，相関行列は

$$\begin{pmatrix} 1 & \rho & \rho & \rho \\ \rho & 1 & \rho & 0 \\ \rho & \rho & 1 & \rho \\ \rho & 0 & \rho & 1 \end{pmatrix}$$

で与えられるとする．ただし $\rho = 0.6$ である．この場合 $\{R_1, R_2, R_3, R_4\}$ は 1 従属ではない．このとき $F_N(x), \tilde{F}_N(x)$ はそれぞれ

$$F_N(x) = \frac{1}{4}\sum_{i=1}^{4} I(R_i \leq x) \tag{2.21}$$

$$\tilde{F}_N(x) = \frac{1}{2}[I(R_2 \leq x) + I(R_4 \leq x)] \tag{2.22}$$

となる．このとき

$$\begin{aligned}\operatorname{Var}(\tilde{F}_N(0)) - \operatorname{Var}(F_N(0)) &= \frac{1}{8}[2\Psi_0(0) + 3\Psi_2(0) - 5\Psi_1(0)] \\ &\fallingdotseq \frac{-0.012}{8} < 0\end{aligned} \tag{2.23}$$

である．この例は $N = nm$ であっても，$\{R_i\}_{i=1}^{4}$ が 1 従属でないときに $\tilde{F}_N$ が F_N よりも小さい分散を持つ例である．

2.3 下側確率の推定

以下で本節の主要な結果 (定理 1) を述べる．定理 1 の証明を簡単化するために以下の仮定を設ける．

$$P(R_i \leq x, R_{i+k} \leq x) = P(R_j \leq x, R_{j+k} \leq x), \quad (i,j,k = 1, 2, \ldots) \tag{2.24}$$

(2.24) 式が成り立っているものとする．主要な定理を述べる前にいくつかの記号を準備する．まず

$$\Psi_i(x) = P\{R_1 \leq x, R_{1+i} \leq x\}, \quad (i = 1, 2, \ldots) \tag{2.25}$$

と定義する．以下では $\Psi_i(x)$ の (x) を省略する．次に

$$\overline{\Psi} = P\{R_i \leq x\} \tag{2.26}$$

$$\underline{\Psi} = \Psi_m \tag{2.27}$$

と定義する．任意の i に対して $\Psi_i \leq \overline{\Psi}$ が成り立つ．また，仮定 1 のもとでは $\underline{\Psi} = \overline{\Psi}^2$ である．以下の補題が成り立つ．この補題では $(m-1)$ 従属性は仮定しない．

補題 1
$$\Psi_i + \Psi_{|m-i|} \leq \overline{\Psi} + \underline{\Psi}, \quad (i = 1, 2, \ldots) \tag{2.28}$$

証明：
$$\begin{aligned}
\Psi_i - \underline{\Psi} &= P\{R_1 \leq x, R_{1+i} \leq x\} - P\{R_1 \leq x, R_{m+1} \leq x\} \\
&\leq P\{R_1 \leq x, R_{1+i} \leq x, R_{m+1} > x\} \\
&\leq P\{R_{1+i} \leq x, R_{m+1} > x\} \\
&= \overline{\Psi} - \Psi_{|m-i|} \quad \square
\end{aligned}$$

定理 1 仮定 1 が成り立っているものとする．また $N = nm$ であるとする．このとき任意の $x \in \mathbf{R}$ に対して

$$\mathrm{Var}\left(\tilde{F}_N(x)\right) \geq \mathrm{Var}\left(F_N(x)\right) \tag{2.29}$$

が成り立つ．

証明：簡単化のため証明は (2.24) 式が成り立っていることを仮定して行う．一般の場合の証明は Kuwana and Fukuchi (2007) に与えられている．

$\tilde{F}_N(x), F_N(x)$ の分散はそれぞれ

$$\text{Var}\left(\tilde{F}_N(x)\right) = \frac{1}{n}\left(\overline{\Psi} - \underline{\Psi}\right) \tag{2.30}$$

$$\text{Var}\left(F_N(x)\right) = \frac{1}{m^2n^2}\left[mn\left(\overline{\Psi} - \underline{\Psi}\right) + 2\sum_{i=1}^{m-1}(mn-i)(\Psi_i - \underline{\Psi})\right] \tag{2.31}$$

である. したがって

$$\begin{aligned}&\text{Var}\left(\tilde{F}_N(x)\right) - \text{Var}\left(F_N(x)\right) \\ &= \frac{1}{m^2n^2}\left[m(n-1)\sum_{i=1}^{m-1}(\overline{\Psi} + \underline{\Psi} - \Psi_i - \Psi_{m-i}) + 2\sum_{i=1}^{m-1}(m-i)(\overline{\Psi} - \Psi_i)\right] \\ &\geq 0 \end{aligned} \tag{2.32}$$

不等号は補題 1 による. □

系 1 仮定 1 が成り立っているものとする. このとき

$$\lim_{N\to\infty} N\text{Var}\left(\tilde{F}_N(x)\right) \geq \lim_{N\to\infty} N\text{Var}\left(F_N(x)\right) \tag{2.33}$$

が成り立つ.

証明:ここでも, 簡単化のため証明は (2.24) 式が成り立っていることを仮定して行う.

任意の標本の大きさ N に対して $N = nm + k_N$ と書く. ただし n は 0 以上の整数で, m は $0 \leq k_N < m$ を満たす整数である. このとき

$$\text{Var}\left(\tilde{F}_N(x)\right) = \frac{1}{n}\left(\overline{\Psi} - \underline{\Psi}\right) \tag{2.34}$$

$$\begin{aligned}\text{Var}\left(F_N(x)\right) &= \frac{1}{N^2}\left[mn\left(\overline{\Psi} - \underline{\Psi}\right) + 2\sum_{i=1}^{m-1}(mn-i)(\Psi_i - \underline{\Psi}) + U_N\right] \\ &\approx \frac{1}{m^2n^2}\left[mn\left(\overline{\Psi} - \underline{\Psi}\right) + 2\sum_{i=1}^{m-1}(mn-i)(\Psi_i - \underline{\Psi}) + U_N\right] \end{aligned} \tag{2.35}$$

と書くことができる. ただし $|U_N| \leq k_N(2m-1) < m(2m-1)$ である. した

がって

$$N\left[\mathrm{Var}\left(\tilde{F}_N(x)\right) - \mathrm{Var}\left(F_N(x)\right)\right]$$
$$\approx \frac{1}{mn}\left[m(n-1)\sum_{i=1}^{m-1}(\overline{\Psi}+\underline{\Psi}-\Psi_i-\Psi_{m-i}) + 2\sum_{i=1}^{m-1}(m-i)(\overline{\Psi}-\Psi_i) + U_N\right]$$
$$\to \sum_{i=1}^{m-1}(\overline{\Psi}+\underline{\Psi}-\Psi_i-\Psi_{m-i}) \geq 0 \tag{2.36}$$

が成り立つ. □

2.3.2 ある種の定常性を仮定する場合

現実のデータでは，時差が m 以上離れていても対数収益率の間に従属性が残る場合がある．そこで，本項では $\{R_i\}_{i=1}^N$ が $(m-1)$ 従属であることを仮定せず，その代わりに定常性よりも弱い以下の仮定が成り立つ場合を考える．

仮定 2 $P(R_i \leq x,\ R_{i+k} \leq x) = P(R_j \leq x,\ R_{j+k} \leq x),\ (i,j,k=1,2,\ldots)$

この仮定は 2 次元の同時下側確率だけが時点に依存しないことを意味し，通常の定常性よりも弱い仮定である．

定理 2 仮定 2 と以下の条件が成り立つものとする．
 (i) $\Psi_0 \geq \Psi_1 \geq \cdots \geq \Psi_{mn}$
 (ii) $\Psi_0 - \Psi_1 \geq \Psi_1 - \Psi_2 \geq \cdots \geq \Psi_{mn-1} - \Psi_{mn}$
このとき $N = nm$ であれば

$$\mathrm{Var}\left(\tilde{F}_N(x)\right) \geq \mathrm{Var}\left(F_N(x)\right) \tag{2.37}$$

が成り立つ．

定理 2 の証明は Kuwana and Fukuchi (2007) に与えられている．

次に定理 2 の系として，正規過程の場合に (2.37) 式が成り立つための十分条件を与える．$\{R_i\}_{i\geq 1}$ が正規過程であるとは，任意の有限個の R_i の同時確率分布が多変量正規分布であることを意味する．系の証明には次の不等式を使う．

定理 3 (Slepian の不等式) (X,Y) は 2 変量正規分布 $N(\mathbf{0},1,1,\rho)$ に従うと

する.このとき $\rho_1 \geq \rho_2$ であれば,任意の $x, y \in \mathbf{R}$ に対して

$$P_{\rho=\rho_1}(X \leq x, Y \leq y) \geq P_{\rho=\rho_2}(X \leq x, Y \leq y) \quad (2.38)$$

が成り立つ.もし $\rho_1 > \rho_2$ であれば (2.38) 式の不等号は狭義の意味で成り立つ.

この不等式は Slepian (1962) による.実際には Slepian は一般の多次元正規分布について同様の不等式を証明した.証明はたとえば Tong (1980), chapter 2 を参照せよ.$\{R_i\}_{i=1}^N$ は共分散定常であるとする.$\mu = E(R_1)$ とするとき $\{R_i\}_{i=1}^N$ の自己相関係数は以下で定義される.

$$\rho(h) = \frac{E[(R_1 - \mu)(R_{1+h} - \mu)]}{\mathrm{Var}(R_1)} \quad (2.39)$$

系 2 $\{R_i\}_{i=1}^N$ は以下の仮定を満たすとする.
(i) $\{R_i\}_{i=1}^N$ は共分散定常な正規過程である
(ii) 自己相関係数 $\rho(h)$ について

$$\rho(h) \geq 0, \quad (h = 1, 2, \ldots) \quad (2.40)$$

かつ

$$\rho(h) \geq \rho(h+1), \quad (h = 1, 2, \ldots) \quad (2.41)$$

このとき $N = nm$ ならば任意の $x \in \mathbf{R}$ について (2.37) 式が成り立つ.

系 2 の証明:仮定 (i), (ii) のもとで定理 2 の条件 (i),(ii) が満たされることを示す.$\{R_i\}_{i=1}^N$ は共分散定常だから R_i の周辺確率分布が標準正規分布のときに定理 2 の条件 (i),(ii) が成り立つことを示せば十分である.

標準正規分布の分布関数を $\Phi(x)$ で表すとする.仮定 (i) から,Slepian の不等式によって

$$\Phi^2(x) \leq \Psi_{m-1}(x) \leq \cdots \leq \Psi_1(x) \leq \Phi(x) \quad (2.42)$$

が任意の x に対して成り立つことがわかる.

次に定理 2 の条件 (ii) が成り立つためには $\Psi(x; \rho) = P(X \leq x, Y \leq x)$ が ρ に関して凸であることが十分条件である.ただし (X, Y) は平均ベクトルが $(0, 0)'$,分散共分散行列が

2.3 下側確率の推定

$$\begin{pmatrix} 1 & \rho \\ \rho & 1 \end{pmatrix}$$

の2変量正規分布に従う確率ベクトルであり，ρ は $0 < \rho < 1$ を満たす．この2変量正規分布の確率密度関数は

$$f(x,y;\rho) = \frac{1}{2\pi\sqrt{1-\rho^2}} \exp\left[-\frac{1}{2(1-\rho^2)}(x^2 - 2\rho xy + y^2)\right], \quad (x,y \in \mathbf{R}) \tag{2.43}$$

で与えられる．まず

$$F(x,y;\rho) = \int_{-\infty}^{x}\int_{-\infty}^{y} f(s,t;\rho)dsdt \tag{2.44}$$

と定義する．次に等式

$$\frac{\partial}{\partial \rho} f(x,y;\rho) = \frac{\partial^2}{\partial x \partial y} f(x,y;\rho) \tag{2.45}$$

が成り立つことを直接両辺を計算することによって示す．Tong (1980), 9 ページには特性関数を使った証明が与えられている．まず

$$\frac{\partial}{\partial \rho} f(x,y;\rho) = \frac{-\rho^3 + xy + \rho^2 xy + \rho(1 - x^2 - y^2)}{(1-\rho^2)^2} f(x,y;\rho) \tag{2.46}$$

である．また

$$\frac{\partial}{\partial x} f(x,y;\rho) = \frac{\rho y - x}{1 - \rho^2} f(x,y;\rho) \tag{2.47}$$

$$\begin{aligned}\frac{\partial^2}{\partial x \partial y} f(x,y;\rho) &= \frac{\partial}{\partial y}\left[\frac{\rho y - x}{1-\rho^2} f(x,y;\rho)\right] \\ &= \frac{\rho}{1-\rho^2} f(x,y;\rho) + \frac{(\rho y - x)(\rho x - y)}{(1-\rho^2)^2} f(x,y;\rho) \\ &= \frac{-\rho^3 + xy + \rho^2 xy + \rho(1-x^2-y^2)}{(1-\rho^2)^2} f(x,y;\rho)\end{aligned} \tag{2.48}$$

が成り立つ．したがって (2.45) 式が成り立つことが示された．(2.45) 式を用いれば次の結果が得られる．

$$\frac{\partial}{\partial \rho} F(x,y;\rho) = \int_{-\infty}^{x} \int_{-\infty}^{y} \frac{\partial}{\partial \rho} f(s,t;\rho) ds dt$$
$$= \int_{-\infty}^{x} \int_{-\infty}^{y} \frac{\partial^2}{\partial x \partial y} f(s,t;\rho) ds dt$$
$$= f(x,y;\rho) \tag{2.49}$$

したがって F の ρ に関する 2 階偏微分は

$$\frac{\partial^2}{\partial \rho^2} F(x,x;\rho) = \frac{\partial}{\partial \rho} f(x,x;\rho)$$
$$= \frac{(\rho-1)^2 x^2 + \rho(1-\rho^2)}{(1-\rho^2)^2} f(x,x;\rho) > 0 \tag{2.50}$$

となる.つまり $F(x,x;\rho)$ は ρ について凸関数であり,したがって定理 2 の条件 (ii) が成り立つ.□

2.4 分位点の推定

本節では $\{R_i\}_{i \geq 1}$ が $(m-1)$ 従属であるときの分位点推定量の漸近的性質を論じる.

Sen (1968) は m 従属確率変数列(定常性は仮定しない)$\{X_i\}_{i \geq 1}$ からの標本分位点の漸近正規性を証明した.ここでは,簡単化のため X_i は同一の確率分布関数 F を持つと仮定して Sen の結果を紹介する.

与えられた $p \in (0,1)$ に対して,F の p 分位点 x_p は

$$x_p = F^{-1}(p) = \inf\{x : F(x) \geq p\} \tag{2.51}$$

で定義される.また,$X_1, X_2, \ldots, X_n$ の標本 p 分位点 $\hat{x}_p$ は

$$\hat{x}_p = F_n^{-1}(p) = \inf\{x : F_n(x) \geq p\} \tag{2.52}$$

で定義される.ただし F_n は $X_1, X_2, \ldots, X_n$ の経験分布関数である.次に

$$\nu_n^2 = n \text{Var}(F_n(x_p)) \tag{2.53}$$

と定義する.

定理 4 (Sen) 確率過程 $\{X_i\}_{i\geq 1}$ について以下の条件が成り立つと仮定する．
 (i) $\{X_i\}_{i\geq 1}$ は m 従属で，X_i の確率分布関数 F は同一である
 (ii) 確率分布関数 F は x_p の近傍で連続な確率密度関数 f を持ち，$f(x_p) > 0$ である
 (iii) $\inf_n \nu_n^2 > 0$

このとき

$$\frac{\sqrt{n} f(x_p)(\hat{x}_p - x_p)}{\nu_n} \xrightarrow{d} N(0, 1), \quad (n \to \infty) \qquad (2.54)$$

が成り立つ．ただし $\xrightarrow{d}$ は分布収束を意味する．

定理 4 から，われわれの問題に対して以下の結果を得ることができる．以下で，$R_1, R_2, \ldots, R_N$ の経験分布関数を F_N で表し，$R_m, R_{2m}, \ldots, R_{nm}$ の経験分布関数を $\tilde{F}_N$ で表す．分位点 r_p のオーバーラップ法，ノンオーバーラップ法による推定量はそれぞれ

$$\hat{r}_p = F_N^{-1}(p), \quad \tilde{r}_p = \tilde{F}_N^{-1}(p) \qquad (2.55)$$

で定義される．

定理 5 以下の 3 つの条件が成り立つと仮定する．
 (i) $\{R_i\}_{i=1}^N$ は $(m-1)$ 従属である
 (ii) $R_1, R_2, \ldots, R_N$ はそれぞれ同一の確率分布関数 F を持つ
 (iii) 確率分布関数 F は r_p の近傍で連続な確率密度関数 f を持ち，$f(r_p) > 0$ である

このとき

$$\sqrt{N} f(r_p)(\hat{r}_p - r_p) \xrightarrow{d} N(0, \nu_p^2), \quad (N \to \infty) \qquad (2.56)$$

が成り立つ．ただし

$$\begin{aligned}\nu_p^2 &= \lim_{N \to \infty} N \mathrm{Var}\left(F_N(r_p)\right) \\ &= \left[\,\overline{\Psi}(r_p) - \underline{\Psi}(r_p)\right] + 2 \sum_{i=1}^{m-1} \left[\Psi_i(r_p) - \underline{\Psi}(r_p)\right]\end{aligned} \qquad (2.57)$$

である.

定理5で重要なのは，標本分位点の漸近正規性が成り立つためには定常性は必要がないということである．標本分位点の漸近分布は正規分布であり，漸近分散には下側経験確率の分散が現れるので，2.3節の結果を用いてオーバーラップ法，ノンオーバーラップ法による分位点推定量の漸近分散を比較することが可能である．

定理5の条件 (i), (ii), (iii) のもとでは，$R_m, R_{2m}, \ldots, R_{nm}$ は i.i.d. 確率変数列だから

$$\sqrt{N} f(r_p)(\tilde{r}_p - r_p) \xrightarrow{d} N(0, \tilde{\nu}_p^2), \quad (N \to \infty) \tag{2.58}$$

が成り立つ．ただし

$$\tilde{\nu}_p^2 = \lim_{N \to \infty} N \mathrm{Var}\left(\tilde{F}_N(r_p)\right) = m \left[\, \overline{\Psi}(r_p) - \underline{\Psi}(r_p) \right] \tag{2.59}$$

である．i.i.d.確率変数列の標本分位点の漸近正規性については，たとえば Serfling (1980), 77 ページを見よ．

したがって，$\sqrt{N}(\hat{r}_p - r_p)$, $\sqrt{N}(\tilde{r}_p - r_p)$ の漸近分散はそれぞれ

$$\frac{\nu_p^2}{f^2(r_p)}, \quad \frac{\tilde{\nu}_p^2}{f^2(r_p)} \tag{2.60}$$

である．系1から $\nu_p^2 \leq \tilde{\nu}_p^2$ であるから，$\hat{r}_p$ の漸近分散は $\tilde{r}_p$ のそれよりも小さいことがわかる．

定理の条件のもとではオーバーラップ推定量がノンオーバーラップ推定量よりも漸近分散が小さいことがわかった．このことから，対数収益率が $(m-1)$ 従属のときには，分位点の推定にオーバーラップ推定量を用いることが望ましいといえる．

2.5 他の推定量

本章では月次対数収益率 Y_i の周辺確率分布が同一であることを仮定しなかったが，このことを仮定できる場合には，データ $\{Y_1, Y_2, \ldots, Y_N\}$ 自身を使うこ

とによってよりよい推定量を得ることができる．

国友・一場 (2006) は，$\{Y_i\}_{i\geq 1}$ が i.i.d. 確率変数列であるときに下側確率 $F(x)$ の推定量として以下の推定量を考案した．ただし $N = nm$ である．

$$\frac{1}{\binom{nm}{m}} \sum_{(i_1,\ldots,i_m)} I(Y_{i_1} + Y_{i_2} + \cdots + Y_{i_m} \leq x) \tag{2.61}$$

ただし $\sum_{(i_1,\ldots,i_m)}$ は $\{1, 2, \ldots, nm\}$ のうちの異なる m 個の整数 $(i_1, i_2 \ldots, i_m)$ すべてについての和を意味する．この推定量は $F(x)$ のノンパラメトリックな一様最小分散不偏推定量である．Lehmann (1983), section 2.4 を参照せよ．

この方法に基づく分位点推定量は，すべての $Y_{i_1} + Y_{i_2} + \cdots + Y_{i_m}$ の値の標本分位点である．

実際には (2.61) 式のすべての項を求めて足すことは計算量が膨大になり困難であるため，国友・一場は $\{Y_1, Y_2, \ldots, Y_{nm}\}$ から復元なしのランダムサンプリングを繰り返すことによって (2.61) 式の値を近似的に求める方法を提案している．

国友・一場は，より一般に $\{Y_i\}_{i\geq 1}$ が共分散定常過程のときには時系列データのリサンプリング法を利用した推定量を考案し，推定量の性質を調べている．

ここでは，例 2 の仮定のもとで国友・一場 (2006) の提案している推定量と同様の考え方に基づく推定量を考える．例 2 のもとでは，月が同一の月次収益率を入れ替えても確率分布は同じである．したがって月次収益率データが利用可能であるときには，下側確率の推定量として以下のような推定量が考えられる．

$$\frac{1}{n^m} \sum_{i_1 \in I_1, i_2 \in I_2, \ldots, i_m \in I_m} I(Y_{i_1} + Y_{i_2} + \cdots + Y_{i_m} \leq x) \tag{2.62}$$

ただし $I_i = \{i + mj : j = 0, 1, \ldots, n\}$ $(i = 1, 2, \ldots, m)$ である．この場合も (2.62) 式のすべての項を求めることは計算量が膨大になるため，国友・一場の推定値と同じようにサンプリングを使って下側確率推定値または分位点推定値を求めるのが現実的である．

2.6 おわりに

本章では,オーバーラップ法とノンオーバーラップ法による対数収益率の下側確率および分位点の推定量の理論的比較を行った.2.3節では,m 期間対数収益率が $(m-1)$ 従属であるときには,オーバーラップ法による下側確率の推定量の方がノンオーバーラップ法による推定量よりも小さい分散を持つことを示した.また,$(m-1)$ 従属性が成り立たない場合でも,ある種の定常性と一定の仮定のもとでは,同様の結果が成り立つことを述べた.2.4節では,m 期間対数収益率の $(m-1)$ 従属性のもとで,オーバーラップ法による分位点推定量がノンオーバーラップ法による分位点推定量よりも小さい漸近分散を持つことを示した.以上の結果は,一定の条件のもとでオーバーラップ法がノンオーバーラップ法よりも望ましい推定方法であることを示している.同様の結果は条件付裾期待値 (conditional tail expectation: CTE) など他のリスク量の推定についても成り立つのが予想されるが,このことを示すのは今後の課題である.

本章を作成するにあたり倉田博史准教授(東京大学),小暮厚之教授(慶應義塾大学),松山直樹氏(株式会社 明治安田生命),伊藤有希氏(一橋大学大学院)から有益なコメントをいただいた.ここに記して深く感謝する.

〔福地純一郎・桑名陽一〕

文献

1) 木島正明編著 (1999) バリューアットリスク,金融財政事情研究会.
2) 国友直人・一場知之 (2006) 多期間リスク管理法と変額年金保険. 日本統計学会誌, **35**(2), 103–123.
3) 田中周二・松山直樹 (2004) 統計学とアクチュアリーの現代的課題. 日本統計学会誌, **34**(1), 41-55.
4) 山下智志 (2000) 市場リスクの計量化と VaR(シリーズ〈現代金融工学〉7),朝倉書店.
5) CIA Report (2002) *CIA Task Force on Segregated Fund Investment Guarantees*, Canadian Institute of Actuaries.
6) Hardy, M. (2003) *Investment Guarantees : Modeling and risk management for equity-linked life insurance*, John Wiley & Sons.
7) Kuwana, Y. and Fukuchi, J. (2007) A comparison of two VaR estimation methods,

in preparation.
8) Lehmann, E. (1983) *Theory of Point Estimation*, John Wiley & Sons.
9) Sen, P. K. (1968) Asymptotic normality of sample quantiles for m-dependent processes. *Annals of Mathematical Statistics*, **39**, 1724-1730.
10) Serfling, R. J. (1980) *Approximation Theorems of Mathematical Statistics*, John Wiley & Sons.
11) Slepian, D. (1962) The one-sided barrier problem for Gaussian noise. *Bell System Technical Journal*, **41**, 463-501.
12) Tong, Y. L. (1980) *Probability Inequalities in Multivariate Distribution*, Academic Press.

3

株式市場の危険回避度

3.1 はじめに

　近年,伝統的なファイナンス理論やリスク理論では説明の困難な市場心理を反映した投資行動が指摘されている.それらは「アノマリー」と呼ばれ,「行動ファイナンス」あるいは「行動心理学」という新たな研究分野の対象となっている.しかし,そもそも市場心理とは一体何を指しているのであろうか.本章では金融リスク理論の立場から,市場心理を市場の代表的投資家の危険回避度と考え,その推定を試みる.従来の危険回避度の実証分析においては,効用関数に特定のパラメトリックモデルを想定し,そのパラメータのみを推定する研究が多かった.しかし,そのようなアプローチは投資家の行動パターンをアドホックに決めていることに他ならない.そのため,最近では完全にノンパラメトリックな推定法も提案されているが,わが国株式市場の分析においては,そのために必要となる十分なサンプル数を確保することは困難である.そこで,本章では,拡張ブラック・ショールズモデルに基づいて,セミパラメトリックに危険回避度を推定するアプローチを提示する.

　以下では,まず 3.2 節で本章の分析対象である危険回避度について概観し,3.3 節では,オプション価格が与えられれば,リスク中立確率を通じて危険回避度が導出できることを説明する.3.4 節では,本章で用いたセミパラメトリックな推定手法について述べ,わが国株式市場データへの実証分析の結果を 3.5 節にまとめる.

3.2 危険回避度とは何か

本節では,効用関数に基づいて危険回避度の定義を与える.さらに,代表的投資家の危険回避度は,リスク中立確率と密接な関係を持つことを解説する.

3.2.1 危険回避度

ファイナンス理論では,貨幣の有用性を貨幣それ自体の単位ではなく,効用という単位によって測定する.この新しい単位を u という関数で表すとき,x 円の有用性は $u(x)$ と表される.効用関数は通常

(a) $u(x)$ は増加関数

(b) $u(x)$ は凹関数

と仮定される.効用関数が2回微分可能であれば,この2つの性質は,$u'(x) > 0$,$u''(x) < 0$ と表現できる.(a) は,富 x の増加は必ず効用の増加をもたらすことを表す.(b) は,そのような効用の増加の程度は,x とともにだんだんと逓減していくというリスク回避性を表す.代表的な効用関数として指数型効用関数

$$u(x) = \frac{1}{\alpha}(1 - e^{-\alpha x}), \quad (-\infty < x < \infty, \quad \alpha > 0)$$

や,べき乗型効用関数

$$u(x) = \frac{x^{1-c} - 1}{1 - c}, \quad (x > 0, \quad c \neq 1)$$

が挙げられる.

投資家の限界効用 $u'(x)$ の逓減の程度は

$$\rho(x) = -(\log u'(x))' = -\frac{u''(x)}{u'(x)}$$

によって表される.これを(絶対的)危険回避度という.指数型効用関数の場合には

$$\rho(x) = \alpha$$

となり,危険回避度が一定となる.べき乗型効用関数の場合には

$$\rho(x) = \frac{c}{x} \tag{3.1}$$

となる．

3.2.2 リスク中立確率

現在時点 0 から将来時点 T までの投資期間を考える．この期間に取引されている任意の金融資産の時点 T の支払額を Y とする．Y は一般に確率変数である．この金融資産の現在時点の価格 $H(Y)$ が

$$H(Y) = E[\Psi Y]$$

と与えられるものとする．ここで，Ψ は市場の状態を表す何らかの正値確率変数であり，将来ペイオフを確率的に割り引く役割を担う．特に，将来支払いが一定値であるような証券（割引債）は $Y=1$ で表される．そのような「安全資産」の連続複利収益率を r とすれば，$H(Y) = H(1) = E[\Psi] = e^{-rT}$ となる．r をリスクフリーレートと呼ぶ．以下では，r は時間によらず一定であると仮定する．一般には，Y は確率変数であり

$$H(Y) = E[Y]$$
$$E[\Psi] + \mathrm{Cov}(\Psi, Y) = e^{-rT} E[Y] + \mathrm{Cov}(\Psi, Y)$$

と表せる．すなわち，将来 Y 円支払う資産の価値は，その期待値 $E[Y]$ をリスクフリーレート r で割り引いた値を市場の状態との関連 $\mathrm{Cov}(\Psi, Y)$ に応じて調整した値である．いま任意の Y に対して

$$e^{-rT} E_Q[Y] = E[\Psi Y]$$

によって，新たな確率分布 Q を定義する．ここで，E_Q は Q に関する期待値を表す．Q をリスク中立確率という．特に，Y として，ヨーロピアン型オプションのペイオフを考えれば，オプションの現在時点の理論価格が与えられる[*1]．リスク中立確率に対してオリジナルな確率分布はしばしば主観確率と呼ばれる．本章では，主観確率は市場で観測される確率分布と等しいものとし，観測確率

[*1] 詳細は，たとえば，Geber and Pafumi (1998) を参照されたい．

と呼ぶ．

3.2.3 危険回避度とリスク中立確率の関係

一般に，リスク中立確率が一意に定まる市場を完備という．本章では，完備な市場経済において市場全体を代表する投資家の存在を仮定する．この投資家の時点 0 における初期富を w_0 とし，その将来時点 T の価値を W とする．Q を W のリスク中立確率分布とするとき，この投資家は制約条件

$$e^{-rT} E_Q[W] = w_0$$

のもとで，期待効用 $E[u(W)]$ を最大化する．Jackwerth(2000) は，この投資家の期待効用最大化行動から，危険回避度が

$$\rho(s) = \frac{q'(s)}{q(s)} - \frac{p'(s)}{p(s)} \tag{3.2}$$

というように表現されることを示している．ここで，p は市場ポートフォリオ価格 S の観測確率密度関数であり，q は S のリスク中立確率密度関数を表す．

以下では，われわれは市場ポートフォリオ S を日経 225 平均株価指数として危険回避度を推定する．

3.3 オプション価格データからのマーケット情報抽出

3.2 節で述べたように，リスク中立確率が与えられれば，オプションの無裁定価格を求めることができる．Breeden and Litzenberger (1978) は，その逆に，オプション価格が与えられれば，リスク中立確率が導かれることに気づいた．本節では，まずこの点を説明し，具体例としてブラック・ショールズモデルを取り上げる．

3.3.1 リスク中立確率の導出

まず，コールオプションの定義を確認しておこう．コールオプションとは将来時点 T において，株価が K 円以上値上がりしたときに差額 $S(T) - K$ 円を支払う金融取引である．時点 T における支払いを $C(T)$ と記せば

$$C(T) = \max(S(T) - K, 0)$$
$$= \begin{cases} S(T) - K, & S(T) \geq K \text{ のとき} \\ 0, & S(T) < K \text{ のとき} \end{cases}$$

となる．このコールオプションの無裁定価格は

$$C(0) = e^{-rT} E_Q[C(T)] = e^{-rT} \int_K^\infty (s-K)q(s)ds$$
$$= e^{-rT} \int_K^\infty sq(s)ds - e^{-rT} K \int_K^\infty q(s)ds$$

となる．これを K に関して 2 回偏微分すると

$$\frac{\partial^2 C(0)}{\partial K^2} = e^{-rT} q(K)$$

を得る．この式を $K = s$ で評価すると，リスク中立確率密度

$$q(s) = e^{rT} \left.\frac{\partial^2 C(0)}{\partial K^2}\right|_{K=s} \tag{3.3}$$

が得られる．

3.3.2 ブラック・ショールズモデルにおけるリスク中立確率導出

原資産として配当を支払う株式を考える．その連続配当利回りを δ とする．よく知られているように，行使価格が K 円であり，満期が T のヨーロピアンコールオプションの 0 時点価値に対するブラック・ショールズ式は

$$C_{\text{BS}}(0) = s_0 e^{-\delta T} \Phi(d_1(K)) - K e^{-rT} \Phi(d_2(K)) \tag{3.4}$$

と与えられる．ここで，s_0 は時点 0 における株価 $S(0)$ の水準，Φ は標準正規分布の分布関数であり

$$d_1(K) \equiv \frac{-\log(K/s_0) + (r-\delta)T + \frac{1}{2}\sigma^2 T}{\sigma\sqrt{T}}$$

および

$$d_2(K) \equiv d_1(K) - \sigma\sqrt{T}$$

である．ただし，σ は株価ボラティリティを表すパラメータである．このとき，直接的な計算から

$$\frac{\partial^2 C_{\mathrm{BS}}(0)}{\partial K^2} = e^{-rT}\frac{\phi(d_2(K))}{K\sigma\sqrt{T}}$$

を得る．したがって，(3.3) 式より，ブラック・ショールズモデルのリスク中立密度は

$$\begin{aligned}
q_{\mathrm{BS}}(s) &= e^{rT}\left.\frac{\partial^2 C_{\mathrm{BS}}(0)}{\partial K^2}\right|_{K=s} \\
&= \frac{1}{\sqrt{2\pi}\sigma\sqrt{T}s} \times \exp\left[-\frac{\left(\log s - \left(\log s_0 + (r-\delta)T - \frac{1}{2}\sigma^2 T\right)\right)^2}{2\sigma^2 T}\right] \\
&= \frac{1}{\sigma\sqrt{T}s}\phi(d_2(s)) \tag{3.5}
\end{aligned}$$

となる．ここで，ϕ は標準正規分布の密度関数を表す．

一方，ブラック・ショールズモデルが想定する観測確率分布は，$\log(S(T)/s_0)$ が平均 $(\mu-\sigma^2/2)T$，分散 $\sigma^2 T$ の正規分布に従うから，$S(T)$ は対数正規分布に従い，その確率密度関数は

$$p(s) = \frac{1}{\sigma\sqrt{T}s}\phi\left[d_2(s) + \mu T - (r-\delta)T\right]$$

と与えられる．したがって，ブラック・ショールズモデルの危険回避度は

$$\rho(s) = \frac{q'(s)}{q(s)} - \frac{p'(s)}{p(s)} = \frac{[\mu-(r-\delta)]/\sigma^2}{s}$$

となる．言い換えれば，ブラック・ショールズモデルは，効用関数として $c = [\mu-(r-\delta)]/\sigma^2$ のべき乗型効用関数を採用していると解釈できる．

3.3.3 Jackwerth のアプローチ

ブラック・ショールズモデルは必ずしも現実のデータと整合的ではない．一般に，実際の株価収益率は正規分布よりも裾が長く，また日経 225 のような株価指数の場合には系列相関の存在がしばしば観測される．それと呼応するように，実際のコールオプションの価格から導かれるボラティリティ σ の値であるインプライドボラティリティは，権利行使価格の値によって大きく異なる．

Jackwerth(2000) は,このようなインプライドボラティリティの変動を説明するために,ボラティリティが K に依存すると考え,ブラック・ショールズモデル ((3.3) 式) の σ に $\sigma = \sigma(K)$ を代入した拡張ブラック・ショールズモデル

$$C_{\mathrm{J}}(0|\sigma(K)) = s_0 e^{-\delta T}\Phi\left(d_1^J\right) - Ke^{-rT}\Phi\left(d_2^J\right) \qquad (3.6)$$

を考えた.ここで

$$d_1^{\mathrm{J}}(K) \equiv \frac{-\log(K/s_0) + (r-\delta)T + \frac{1}{2}\sigma(K)^2 T}{\sigma(K)\sqrt{T}}$$

および

$$d_2^{\mathrm{J}}(K) = d_1^{\mathrm{J}}(K) - \sigma(K)\sqrt{T}$$

とする.これを K に関して 2 回偏微分すると

$$\begin{aligned}\frac{\partial C_{\mathrm{J}}(0|\sigma(K))^2}{\partial K^2} &= e^{-rT}\frac{\phi\left(d_2^{\mathrm{J}}(K)\right)}{K\sigma(K)\sqrt{T}}\left(1 + 2Kd_1^{\mathrm{J}}(K)\sigma'(K)\sqrt{T}\right)\\ &\quad + s_0 e^{-\delta T}\phi\left(d_1^{\mathrm{J}}(K)\right)\sqrt{T}\\ &\quad \times \left[\sigma''(K) + d_1^{\mathrm{J}}(K)d_2^{\mathrm{J}}(K)\frac{(\sigma'(K))^2}{\sigma(K)}\right]\end{aligned}$$

を得る.この結果に基づいて,Jackwerth(2000) は

$$\begin{aligned}q(s) &= e^{rT}\left.\frac{\partial^2 C_{\mathrm{J}}(0|\sigma(K))}{\partial K^2}\right|_{K=s}\\ &= \frac{\phi\left(d_2^{\mathrm{J}}(s)\right)}{s\sigma(s)\sqrt{T}}\left(1 + 2sd_1^{\mathrm{J}}(s)\sigma'(s)\sqrt{T}\right)\\ &\quad + s_0 e^{(r-\delta)T}\phi\left(d_1^{\mathrm{J}}(s)\right)\sqrt{T}\\ &\quad \times \left[\sigma''(s) + d_1^{\mathrm{J}}(s)d_2^{\mathrm{J}}(s)\frac{(\sigma'(s))^2}{\sigma(s)}\right]\qquad (3.7)\end{aligned}$$

という形式のリスク中立確率密度を提唱した.これは,σ の関数形については,いかなる先験的制約も課さないノンパラメトリックなモデリングである.Jackwerth は,インプライドボラティリティを被説明変数とし,行使価格を説明変数とするスプライン回帰によって,$\sigma(K)$ を推定している.

3.4 新たな推定法

本節では，3.3 節で解説した Jackwerth(2000) の手法を修正したモデルを用い，その修正モデルを提示するとともに，ボラティリティ関数の推定に用いた局所回帰法について説明する．

3.4.1 Jackwerth 法の修正

3.4.2 項で述べるように，Jackwerth 法を用いた月次ベースの推定では，データの少なさから，安定する結果を得ることは困難である．そこで，本項では，ある期間中のリスク中立確率は一定であると想定し，期間中のすべての観測値に基づいて推定を行うことによって，これを克服する．このためには，ボラティリティを K の関数ではなく，マネーネス K/s_0 の関数としてモデル化することが必要となる[*2]．具体的には，Jackwerth のリスク中立確率において，(3.3) 式におけるボラティリティ関数 σ^* がマネーネス

$$m = K/s_0$$

に依存するオプション評価モデル

$$C_{\text{New}}(0|\sigma(m)) = s_0 e^{-\delta T}\Phi(d_1^*) - Ke^{-rT}\Phi(d_2^*) \tag{3.8}$$

を考察する．ここで

$$d_1^* \equiv \frac{-\log(m) + (r-\delta)T + \frac{1}{2}\sigma^*(m)^2 T}{\sigma^*(m)\sqrt{T}}$$

である．Jackwerth のリスク中立確率 ((3.7) 式) の $\sigma(s)$, $\sigma'(s)$, $\sigma''(s)$ に

$$\sigma^*(m), \quad \sigma^{*\prime}(m)\frac{1}{s_0}, \quad \sigma^{*\prime\prime}(m)\frac{1}{s_0^2}$$

を代入すると，リスク中立確率は

[*2] これは，オプション評価式が，K と s_0 に関して 1 次同次であることを意味する．よく知られているように，ブラック・ショールズによる評価式も 1 次同次である．

$$q(m) = q(s)\frac{dK}{dm} = q(s)s_0$$
$$= \frac{\phi(d_2^*)}{m\sigma(m)\sqrt{T}}\left(1 + 2m\phi(d_1^*)\sigma^{*'}(m)\sqrt{T}\right)$$
$$+ e^{(r-\delta)T}\phi(d_1^*)\sqrt{T} \times \left[\sigma^{*''}(m) + d_1^*d_2^*\frac{(\sigma^{*'}(m))^2}{\sigma^*(m)}\right] \quad (3.9)$$

となる．以下，記号の煩雑さを避けるために，$\sigma^*(m)$ を $\sigma(m)$ と記す．

3.4.2 局所回帰法によるノンパラメトリック推定法

(3.9) 式のリスク中立確率を用いるためには，ボラティリティ関数 $\sigma^*(m)$ を求める必要がある．いま $\{K_i, i = 1, 2, \ldots, n\}$ においてコール価格 c_i が与えられているとしよう．そのときの株価を s_i とすると

$$c_i = C_{\mathrm{BS}}(\sigma, K_i)$$

を満たす $\sigma = \sigma_i$ をインプライドボラティリティと呼ぶ．本項では，インプライドボラティリティ σ_i を被説明変数とし，マネーネス $m_i \equiv K_i/s_i$ を説明変数とする回帰モデル

$$\sigma_i = \mu(m_i) + \varepsilon_i, \quad (i = 1, 2, \ldots, n)$$

を想定する．ここで，誤差項 $\{\varepsilon_i\}$ は $E[\varepsilon_i] = 0$，$E[\varepsilon_i^2] = \sigma^2 < \infty$ を満たす系列とする．$\mu(m)$ は大局的には特別な制約を設けないが，局所的に m の周りで2次多項式によって

$$\mu(u) \approx a_0 + a_1(u-m) + a_2(u-m)^2, \quad (m-h < u < m+h)$$

と近似できるものとする．このとき，各 m に対して，誤差の加重2乗和

$$\sum_{i=1}^{n} c_i \left[\sigma_i - a_0 - a_1(u-m) - a_2(u-m)^2\right]^2$$

を最小にするように係数 a_0, a_1, a_2 を決定する．ここで，c_i は ε_i に対する加重であり，カーネル関数 W によって

$$c_i(m) \equiv W\left(\frac{m_i - m}{h}\right)$$

と表されるものとする.この結果の局所最小2乗推定値は

$$\hat{\mu}(m) = \sum_{i=1}^{n} l_i(m)\sigma_i$$

という被説明変数の加重平均の形に表される.これは局所多項式回帰法と呼ばれるノンパラメトリック手法である[*3)].

局所回帰法を適用するためには,バンド幅 h とカーネル関数 W を指定する必要がある.カーネル関数 W としては,原点に関して左右対称な任意の密度関数を用いることができるが,実際には標準正規分布を用いることが多い.バンド幅 $h(x)$ は x によらず一定であるように $h(x) = h$ とするのが最も簡単な方法である.しかし,本章のように観測値がまばらに分布しているデータを扱う場合には問題が生じる.これを解消するのが最近傍バンド幅である.これは $h(x)$ を局所近傍が常に一定の観測数 k 個だけ含むように選択するものである.観測数 n,平滑化パラメータとして $\alpha(0 < \alpha \leq 1)$ で表現すると,$k = \lfloor n\alpha \rfloor$ となる k が選ばれる.

局所回帰推定法の適合性を評価する基準として,予測平均2乗誤差 (prediction mean squared error: PMSE)

$$\text{PMSE}(\hat{\mu}) = E\left[\{\sigma_{\text{new}} - \hat{\mu}(m_{\text{new}})\}^2\right]$$

がしばしば用いられる.ここで,$(m_{\text{new}}, \sigma_{\text{new}})$ は,データ $\{(m_i, \sigma_i)\}$ とは独立な観測値の組である.この予測平均2乗誤差の推定量として,クロスバリデーション (cross validation) による推定量

$$\text{CV}(\hat{\mu}) = \frac{1}{n}\sum_{i=1}^{n}[\sigma_i - \hat{\mu}_{-i}(m_i)]^2$$

が用いられる.ここで,$\hat{\mu}_{-i}(m_i)$ は観測値から m_i だけ除いたときの $\mu(x_i)$ の推定値を示す.すなわち,残りの $n-1$ 個の観測値で順番に局所回帰推定を計算していることになる.

クロスバリデーションの近似値を容易に計算できるのが次の一般化クロスバリデーション (generalized cross validation) である.

[*3)] 詳細については,乾・室町 (2000) あるいは Wand and Jones (1995), chapter 5 を参照されたい.

$$\mathrm{GCV}(\hat{\mu}) = n\frac{\sum_{i=1}^{n}[\sigma_i - \hat{\mu}(m_i)]^2}{(n-\nu)^2}$$

ここで ν は次の式で表される適合自由度を表している.

$$\nu = \sum_{i=1}^{n} l_i(m_i)$$

本章では最近傍バンド幅を決定するために,GCV が最小となる k の値を求めることにする.そして,そのときのバンド幅 $h(m)$ によって行使価格 K に関する真のインプライドボラティリティ関数 $\hat{\sigma}(m)$ を推定する.この結果,(3.9)式からインプライドリスク中立確率分布 $q(m)$ が推定可能である.その1階微分 $q'(m)$ を求めるためには,推定された $q(m)$ のノンパラメトリックな関数を数値的に微分することで評価する.

3.4.3 完全なノンパラメトリックアプローチ:Ait-Sahalia–Lo のアプローチ

3.5 節でわれわれの実証分析結果を述べる前に,Ait-Sahalia and Lo(1998, 2000) による完全にノンパラメトリックなリスク中立確率推定法について述べておく.マーケットで観測されるオプション価格を被説明変数とし,行使価格 K,現物価格 s_0,満期までの期間 T,金利 r,配当利回り d を説明変数とする非線形回帰モデル

$$\text{オプション価格} = H(K, s_0, T, r, d) + \text{誤差}$$

を想定し,Nadaraya–Watson のカーネル推定量 を用いて H のノンパラメトリック推定量 $\hat{H}$ を求め,(3.3) 式に基づいて

$$\hat{q}(K) = \frac{\partial^2 \hat{H}(K, s_0, T, r, d)}{\partial K^2}$$

により,$q(K)$ を推定することを提唱している[*4)].

彼らは,推定したリスク中立分布に基づくバリューアットリスクである E-VaR (economic VaR) に基づくリスク管理を提唱している.また,S&P500 に対して推定された危険回避度関数はインデックスの水準に対して U 字型の形状にな

[*4)] Nadaraya–Watson のカーネル推定量については,たとえば乾・室町 (2000) を参照れたい.

ることを示した.

3.5 実証分析

本節では，3.4節で述べた推計手法により，わが国株式市場に潜在する危険回避度の抽出を試みる．

3.5.1 データ

本章の実証分析では，リスク中立確率分布の密度関数推定のために1996年1月～2003年1月までのSQ(特別清算)日に満期を持つ，残存日数28日の日経平均株価指数コールオプション終値(大阪証券取引所)を用いた[*5]．同様に，観測確率分布の密度関数は，1995年12月～2002年12月までの重複しない28日間隔の日経平均株価指数(大阪証券取引所)の終値データを用いている．

日中のすべての取引情報を使用可能ならば市場の特性を精緻に観察することができるであろうが，本章で得られる価格情報は4本値と出来高，取組高に限られている．この点から，市場のすべての取引の中には裁定機会を許している可能性を完全には排除できないことに注意されたい．

配当利回りは，日経NEEDSより月次の東証一部有配会社の配当利回りを取得して，代替として用いた．リスクフリーレートは日経AMSUSよりTIBOR (Tokyo Inter-Bank Rate) 1ヶ月物を日次で取得して，当該日のリスクフリーレートとして用いた．

満期までの期間として，最も出来高の多い28日の残存日数を選択した．日本市場を例にした多くの実証研究では米国市場での実証研究と比較してあまり明瞭な結果が得られないことが多い．その主な原因の一つが出来高の少なさにある．多くの投資家が市場に参加している市場では約定件数が多く，裁定機会はほぼ消滅しているとみなすことができる．しかし，市場参加者が少なく出来高の少ない市場では裁定機会の存在を否定できず，その市場価格データは異常値となって，求める推定量に悪影響を及ぼす可能性が生じる．したがって，実証においては出来高の多い営業日を採用することは自然な選択である．

[*5] プットオプションのデータを併せて用いることも考えられる．

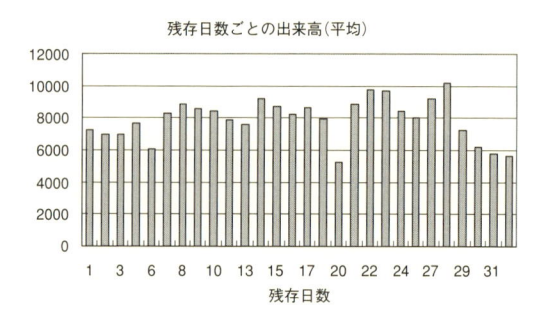

図 3.1　残存日数ごとの日経平均株価指数オプション出来高（平均）

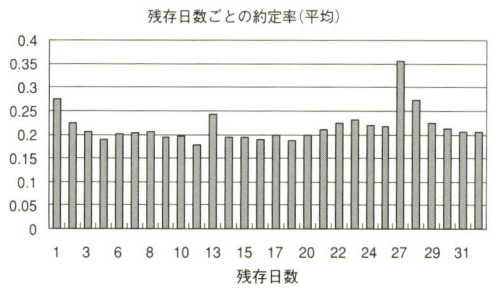

図 3.2　残存日数ごとの日経平均株価指数オプション約定率（平均）

図 3.1 は 1996 年 1 月限月～2003 年 1 月限月までに取引されたすべての日経平均株価指数コールオプションの残存日数ごとの出来高の平均を示している．また図 3.2 はその約定率の平均を示している[*6]．残存日数が 28 日において出来高平均は最大となり，約定率平均も高い値を示している．これは毎月第 2 金曜日が SQ 日となっているため，当該日においてはポジションを解消する動きなどによって注文件数が多くなる事実を示している．

3.5.2　観測確率分布の密度関数の推定

観測確率分布の密度関数推定には，1995 年 12 月～2002 年 12 月までの期間の日経平均の終値データを用いる．この期間では観測確率分布は一定であるとみなして，28 日間の重複しない月次収益率 Z の密度関数 $f(z)$ をノンパラメトリックに推定した．推定法は，最近傍バンド幅を用いた局所尤度密度関数推定

[*6)]　ここで，約定率＝出来高/(出来高＋取組高) と定義した．

法を用いた．価格 S は収益率 Z により

$$S = s_0 e^Z$$

と表されるため，$S = s$ における価格の密度関数は

$$p(s) = f(z)\frac{dz}{ds} = \frac{f(z)}{s} = \frac{f(\ln(s/s_0))}{s}$$

となる．さらに s について微分し

$$p'(s) = \frac{f'(\ln(s/s_0)) - f(\ln(s/s_0))}{s^2}$$

として，観察確率の密度関数の 1 階微分 $p'(s)$ も推定することができる．

3.5.3　月次ベースでの推定結果：Jackwerth 法

図 3.3(中段) は，3.3.3 項で述べた Jackwerth 法を月次データに適用して推定したアットザマネー (その時点での株価指数) でのインプライド絶対危険回避度の時系列である．全体として非常に不安定な結果しか得られず，さらに通常は正であるはずの危険回避度が推定結果では負の値をとっている．下段はインプライド相対危険回避度の時系列である．図 3.4 はインデックス水準で推定された危険回避度をプロットしたものである．

このような推定結果の一因として，ノンパラメトリック法における平滑化パラメータの選択問題が指摘できる．たとえば，(3.2) 式の第 1 項に含まれる主観確率分布の微係数は，その平滑化パラメータの値によって大きく異なる (図 3.5, 3.6)．この観測確率分布の密度関数の推定では，最近傍パラメータ α の値を小さくするほど，GCV の値は小さくなった．しかし，0 に近い α ではサンプルの影響を過剰に受けて，分布が多峰性を示してしまう．したがって，当てはまりのよさと分布の滑らかさを考慮して $\alpha = 0.75$ の値を採用している．

図 3.7〜3.12 はデータから観測されたインプライドボラティリティを示している．縦線はアットザマネーの水準を示している．

3.5.4　期間集計による推定：Jackwerth 法の修正

3.4.1 項で述べた Jackwerth 法の修正により，1995 年 12 月〜2002 年 12 月ま

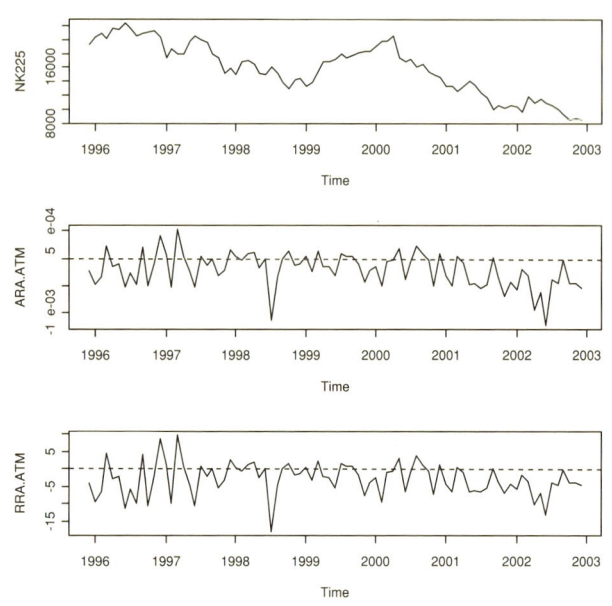

図 3.3 日経平均株価指数（上段）とインプライドな絶対危険回避度（中段），相対危険回避度（下段）の時系列

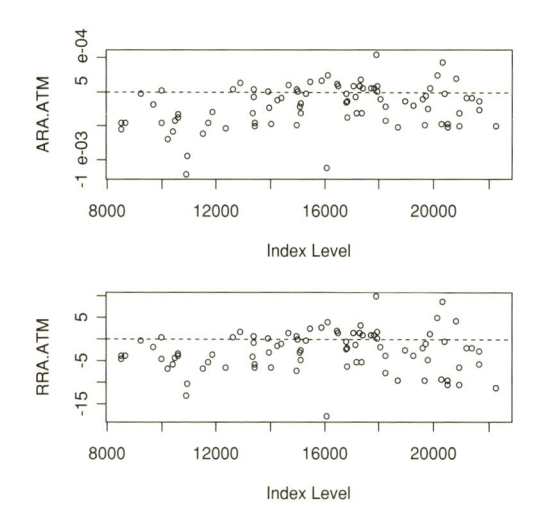

図 3.4 インプライドな絶対危険回避度（上段），相対危険回避度（下段）のインデックス水準による表示

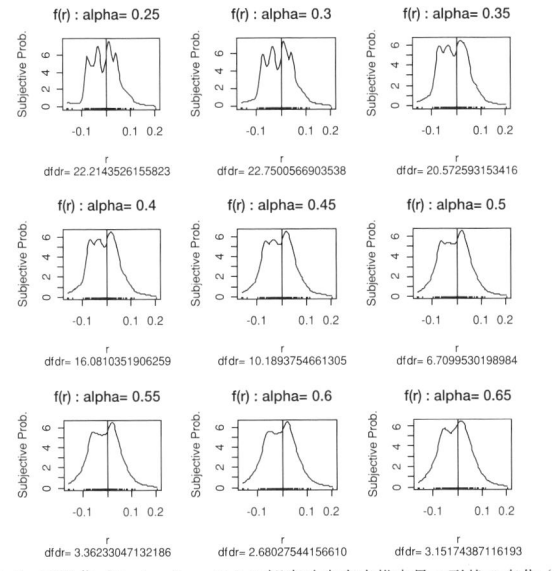

図 3.5 平滑化パラメータ α による観察確率密度推定量の形状の変化 (1)

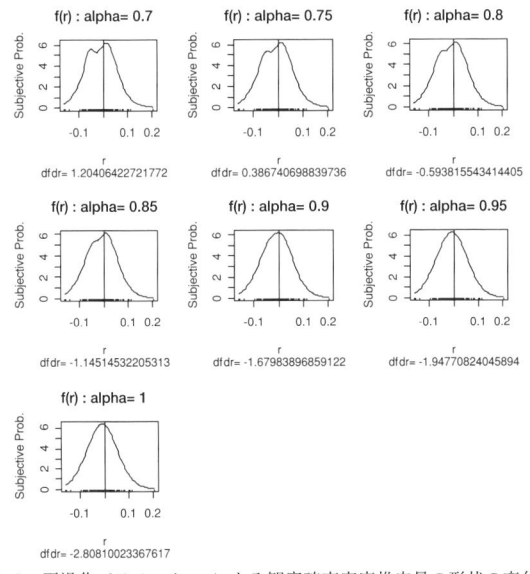

図 3.6 平滑化パラメータ α による観察確率密度推定量の形状の変化 (2)

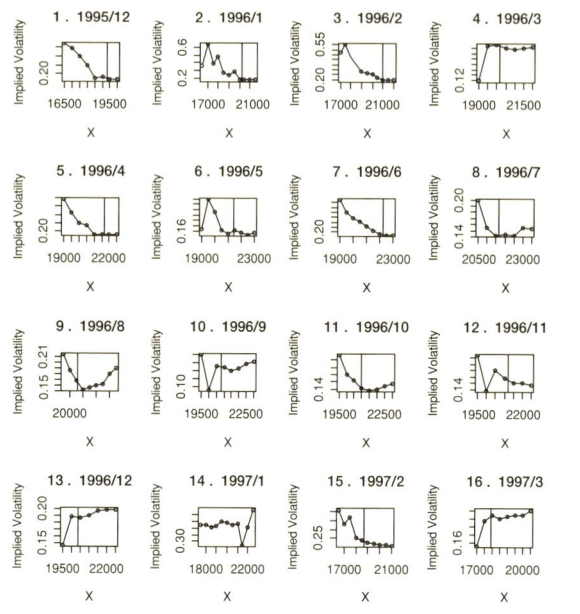

図 3.7 観測されたインプライドボラティリティ (1995 年 12 月〜1997 年 3 月)

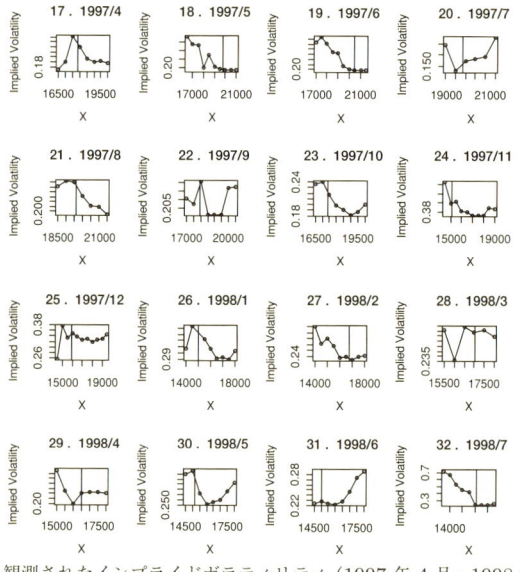

図 3.8 観測されたインプライドボラティリティ (1997 年 4 月〜1998 年 7 月)

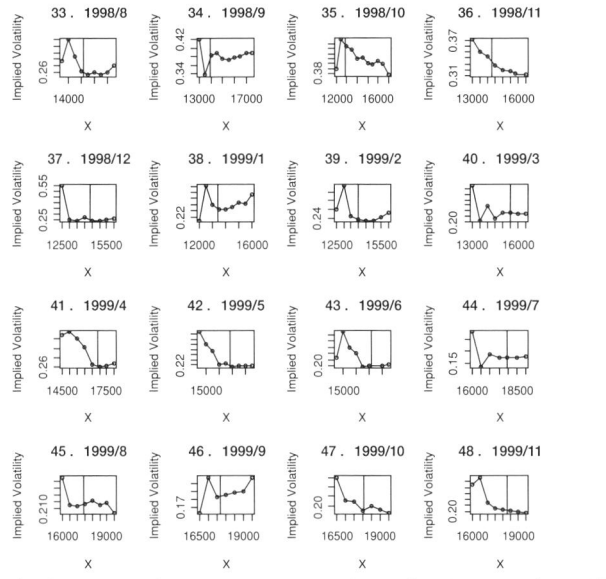

図 3.9 観測されたインプライドボラティリティ (1998 年 8 月～1999 年 11 月)

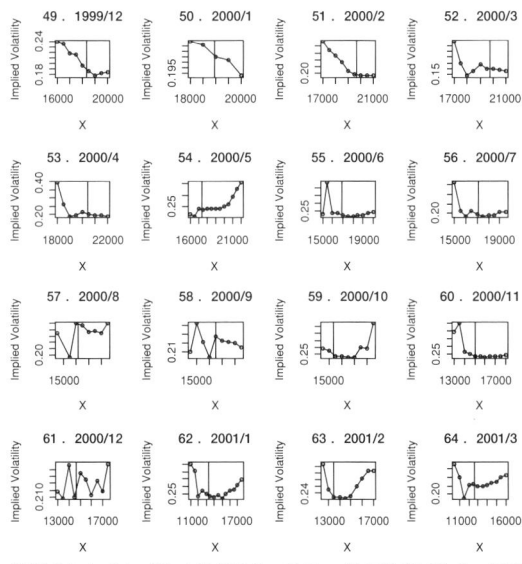

図 3.10 観測されたインプライドボラティリティ (1999 年 12 月～2001 年 3 月)

図 3.11 観測されたインプライドボラティリティ (2001 年 4 月～2002 年 7 月)

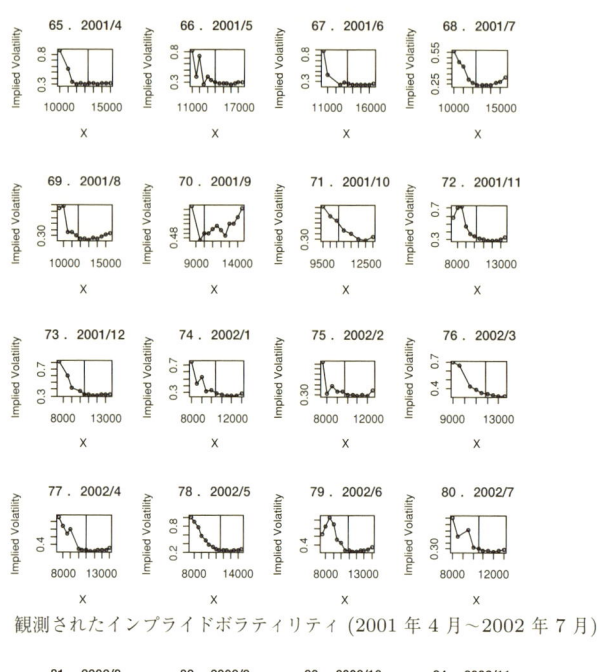

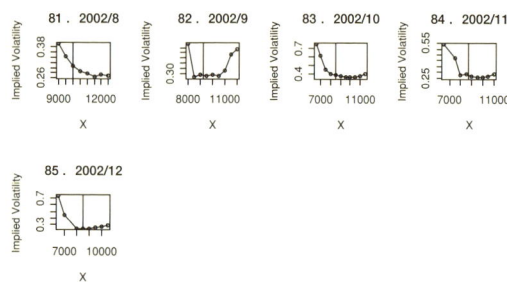

図 3.12 観測されたインプライドボラティリティ (2002 年 8 月～2002 年 12 月)

での 7 年間について観測された月次データを集計し，権利行使価格を株価指数水準で除したマネーネス $m = K/s_0$ の関数として，リスク中立確率を推定した．一方，比較のために，ブラック・ショールズ公式のリスク中立確率密度 $q_{BS}(\cdot)$ をマネーネスの関数として表現した

$$q_{BS}(m) = q_{BS}(s)s$$
$$= \frac{1}{\sqrt{2\pi}\sigma\sqrt{T}} \exp\left[-\frac{\left[\log m - \left\{(r-\delta)T - \frac{1}{2}\sigma^2 T\right\}\right]^2}{2\sigma^2 T}\right]$$

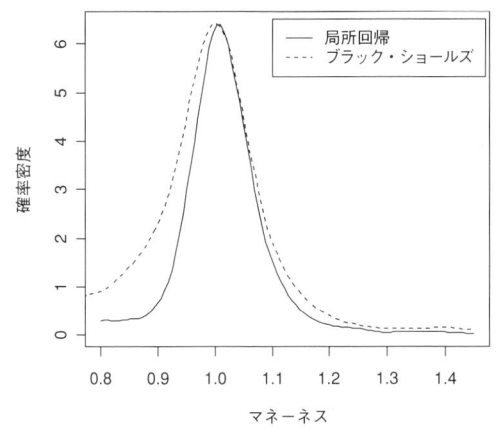

図 3.13 リスク中立確率分析
局所回帰法によるノンパラメトリック推定とブラック・ショールズモデルによるパラメトリック推定.

を推定した．推定に際しては，リスクフリーレート r，配当利回り δ は前述のものを用い，唯一未定であるボラティリティ σ は残存日数が24〜30日までの前後5営業日のインプライドボラティリティの平均を用いる．図3.13は，推定結果を示す．この図からは局所回帰法によって推定されたリスク中立確率分布の密度関数の裾が，ブラック・ショールズモデルに比較して厚くないことがわかる．これは下方リスクに対してブラック・ショールズモデルが株価下落に対するヘッジ度合いを過大に見積もっていることになる．言い換えると，投資家の株価下落に対するヘッジ需要はそれほど高くはないと解釈できる．

図3.14は期間中のインプライドボラティリティを1つのボラティリティスマイルに集約したものである．また，図3.15は集約されたリスク中立確率である．分布の下方テイルにおいて，確率分布が負となっている．この原因として考えられるのは各月次データでのインプライドボラティリティ関数の形状の推定の際には，必ずしもその1階微分，2階微分を適切に推定しているわけではないことが挙げられる．(3.9) 式の右辺の2階微分が全体に与える影響が大きいならば，2階微分が負であるようにインプライドボラティリティ関数を推定してしまうとリスク中立確率も負になる可能性が大きい．別の原因としてはそもそも市場に裁定機会が存在しているのではないかという疑念である．

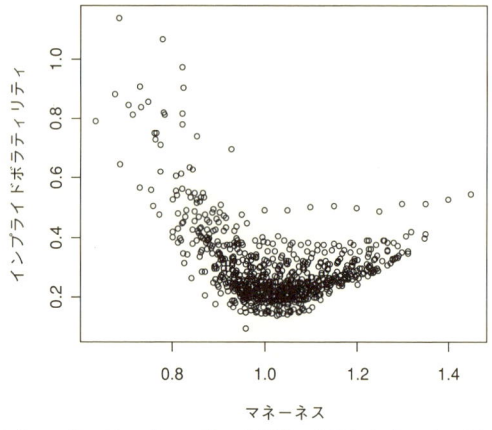

図 **3.14** 1995 年 12 月～2002 年 12 月の全期間で集約したインプライドボラティリティ

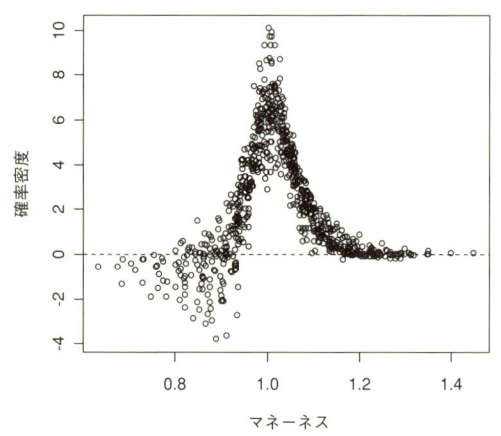

図 **3.15** 1995 年 12 月～2002 年 12 月の全期間で集約した
リスク中立確率分布

　裁定機会を排除する目的で，図 3.15 で見られる確率が負になる点は除外して絶対危険回避度を推定した．図 3.16 は推定結果を示している．マネーネスが 0.9～1.0 の間で危険回避度が負になっている．さらに，0.9～1.1 までの間で危険回避度度が増加している．この結果は Jackwerth(2000) の結果とほぼ一致している．Jackwerth(2000) では 1987 年の大暴落前後で比較し，暴落前ではいたるところで危険回避度が正であることが保証されたが，暴落後では本章の結果と同様な危険回避度の形状を示している．バブル崩壊を境に 1990 年代の日本

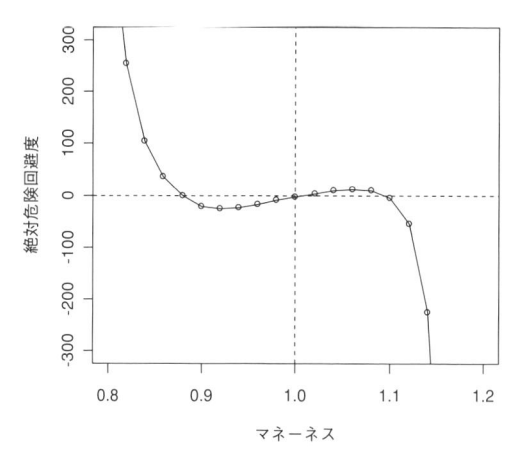

図 3.16　1995 年 12 月～2002 年 12 月の全期間で集約して得られたインプライド危険回避度

の株式市場が継続的に低いリターンをあげていることが標準的なファイナンス理論に一致しない結果の意味付けを困難にさせている．

3.6　お わ り に

　本章では，市場心理を市場の危険回避度と規定し，市場の価格情報と可能な限り整合するように推定することを試みた．そのため，先験的な効用関数の想定を排除するために，セミパラメトリックなモデルによる推定を行った．

　本章では，推定値の信頼性に関する考察を加えることができなかった．本章で提案した推定法は複雑であり，その推定量の誤差を与えるためには，ブートストラップ法のような方法を用いる必要があろう．この重要な考察については，今後の課題としたい．

　本章の作成にあたり，財団法人 石井記念証券研究振興財団の助成を受けました．ここに記して感謝致します．　　　　　　　　　　〔小暮厚之・高山晃和〕

文　　献

1) 乾 孝治・室町幸雄 (2000) 金融モデルにおける推定と最適化（シリーズ〈現代金融工学〉5），朝倉書店．
2) Ait-Sahalia, Y. and Lo, A.(1998) Nonparametric estimation of state-price densities implicit in financial asset prices. *Journal of Finance*, **53**, 499–547.
3) Ait-Sahalia, Y. and Lo, A. (2000) Nonparametric risk management and implied risk aversion. *Journal of Econometrics*, **94**, 9–51.
4) Black, F. and Scholes, M. (1973) The pricing of options and corporate liabilities. *Journal of Political Economy*, **81**, 637–659.
5) Breeden, D. and Litzenberger, R. (1978) Prices of state-contingent claims implicit in options. *Journal of Business*, **51**, 621–651.
6) Gerber, H. and Pafumi, G.(1998) Utility functions: From risk theory to finance. *North American Actuarial Journal*, **2**, 74–100.
7) Jackwerth, J.C.(2000) Recovering risk aversion from option prices and realized returns. *Review of Financial Studies*, **13** (2), 433–451.
8) Wand, M.P. and Jones, M.C.(1995) *Kernel Smoothing*, Chapman & Hall.

4

生命保険需要から見た危険回避度推定

　リスクがあるからこそ保証（ヒューマンセキュリティ）が必要なのであろう．リスクに対する保証の需要は，リスクの頻度と大きさの増加関数であることはいうまでもないが，リスクに対する態度，つまり危険選好の程度にも依存する．1980年後半〜1990年代初頭の日本において，人々のリスク回避度は極めて低く，そのことがバブルをもたらしたともいえる．しかし，バブル崩壊後にあっても，日本の株式市場データを用いた多くの研究において，投資家の危険選好度合いは低下傾向を示すか，あるいは危険中立さらには危険愛好的ですらあるという実証結果を得ている．本章の目的は，本当にこのようなことがいえるか否かを，バブル崩壊以降の期間について，日本の家計による生命保険購入の個票データを用いて，危険回避度を推計することにある．結果，バブル崩壊後，日本の家計は危険回避度が増加したことを確かめることができた．他方で，家計の危険回避度は，家計の持つ様々な経済的特性，人口属性によって異なることも明らかになった．

4.1　は　じ　め　に

　資産価格決定理論，あるいはその応用研究において，投資家の効用関数がいかなる形状をとるかが決定的に重要な役割を果たす．よく知られているように，資本資産価格決定理論 (capital asset pricing model: CAPM) を導くために伝統的によく用いられている2次の効用関数は，絶対的危険回避度が増加すること，負の指数型効用関数は絶対的危険回避度が一定であることにより，資産価格に関して閉じた解を求めることが容易であるという利点を持つ一方で，問題も抱えている．これらの点を回避するために多くの研究では，べき型や対数効

用関数を用いることが多い．しかし，どのような効用関数を用いるかについては，閉じた解を得ることが容易な効用関数，あるいは検証可能な効用関数を選択することが多く，研究者の裁量に任されていることが多い．

危険回避度を推定することは，学問的な観点から重要であるばかりでなく，特定のリスクリターン特性を持つ金融資産や商品を，そのリスクに応じた投資家に提供するためにも必要である．異なる投資家や家計の危険選好がわかれば，それに合致したリスクリターン特性を持つ金融商品を販売することに役立つであろう．

また，公的または私的な年金基金における資産配分，つまり危険資産にどのくらいの投資資金を配分すべきかの決定は，結局のところ，年金受給者のリスク選好（回避度）を知ることに尽きる．しかし，リスク回避度を直接観察できないために，年金基金の成熟度によって危険資産への投資配分を決定しているのが現状である．あるいは，こうした投資に関する意思決定の他に，マクロ的に見たときの経済あるいは金融政策においても，家計の危険回避度がどの程度であるかを知ることが必要になろう．

本章は，バブル崩壊後の1993～1999年までの，日本の家計が保有する生命保険の個票データに基づき，(1) 相対的危険回避度がどのように推移していったか，(2) 相対的危険回避度が，富の増加に関してどのような振る舞いをするのかを検証した．また，(3) 同様の分析を，家計の経済的，人口学的属性の違いが，危険回避係数にどのような違いをもたらすのかという観点からも検討した．

すべての生命保険契約データを用いた場合，相対的危険回避度は富に関して一定であり，ほぼ0.5～2の間で変動していることが明らかになった．また，家計を異なる属性に基づいて分類し，相対的危険回避度を推定すると，異なる属性グループは顕著に異なる危険回避傾向を持つことが明らかになった．

以下，本章の構成は次の通りである．4.2節では，危険回避係数推定に関するこれまでの先行研究について展望を述べる．4.3節では，人的資産を保有し，その喪失に関わる経済的損失をヘッジするために生命保険を購入する家計の期待効用最大化モデルを提示し，その最適化条件から生命保険需要関数を導く．さらに，需要関数から相対的危険回避度を推定するための実証可能な枠組みを提示する．4.4節で，推定に用いられたデータセットと人的資産価値を推計するた

めの方法を示す．4.5 節では，相対的危険回避度の実証結果を示し，その意味を議論する．最後に 4.6 節で，要約と結論を示す．

4.2 先 行 研 究

相対的危険回避度の推定については，表 4.1 に示されているようにこれまでに数多くの研究がなされている．この中で先駆的な業績とされるのが，Friend and Blume（1975）である．彼らは，危険資産の代表としての市場ポートフォリオと無リスク資産とからなるポートフォリオの最適な資産配分を求め，相対的危険回避度が，市場ポートフォリオに関するリスクの市場価格（市場ポートフォリオの超過期待リターンと分散の比）を危険資産への最適な投資比率で割ったものに等しいことを明らかにし，その推定を行った．具体的には，市場ポートフォリオの代理変数としての株価指数の平均と分散，無リスク金利，そして株式やその他の危険資産への投資比率データから相対的危険回避度を推定した．その結果，米国のデータを用いると，相対的危険回避度がおおよそ 1 以上の値をとるのではないかという結論を得た．同様な推定方法によって日本の年度別時系列データを用いた分析が吉川（2002, 2003）によって行われている．吉川（2003）によると，1970 年代〜1980 年代半ばのバブル期以前では，相対的危険回避度は 1.63，1985〜1989 年までのバブル期で 0.94，1990 年代のバブル崩壊期で，1.36 という推定値が得られている．

Szpiro（1986）は，1 期間期待効用最大化問題を解くことにより，最適な損害保険需要関数を導き，さらに相対的危険回避度がどのように推定されるかを示した．具体的には，米国の戦後における損害保険料と保険需要を集計した時系列データから，相対的危険回避度は一定であるとみなすことができ，その値は平均して 1.2〜1.8 程度であることを示した．Szpiro（1986）の研究の特色は，相対的危険回避度が富に関してどのような振る舞いをするかについて実際のデータから検証できることを示し，富の変化に対して一定であるとみなすことができる場合の相対的危険回避度の推定方法を示したことにある．

他方，消費 CAPM を推定する試みの中で，相対的危険回避係数を推定する試みも多く行われている．Hansen and Singleton（1982, 1983）がそうした試み

表 4.1 相対的危険回避度推定結果

研究	係数	推定データ
Weber(1970)	2.4, 7.7	消費支出
Fridman(1974)	～10	健康保険
Friend and Blume(1975)	1.0 以上, おそらく 2 以上	危険資産需要
Weber(1975)	1.3～1.8	消費支出
Farber(1978)	3.0, 3.7	労働組合交渉
Hansen and Singleton(1982)	0.68～0.97	消費データ, 株式リターン
Hansen and Singleton(1983)	0.26～2.70	消費データ, 株式リターン
Szpiro(1986)	1.79, 1.21	損害保険と資産データ
Halek and Eisenhauer(2001)	平均 3.735, 標準偏差 24.112	定期生命保険
吉川 (2003)	1.63, 0.94, 1.36	危険資産と安全資産

の始まりであり,日本においても同様の研究が,祝迫 (2001) や谷川 (1994),羽森 (1996) 等によって行われている.

相対的危険回避度は限界効用の富に関する弾力性とも解釈できるから,その値はおおよそ 1 に近い値をとると想定できる[*1].つまり,富の水準が 1% 変化したときに,限界効用のパーセント変化はおおよそ 1% の近辺をとるであろうことが予想される.その意味で,表 4.1 で示された研究の多くは,一部を除き適切な水準にあると考えられる.これに対し,祝迫 (2001) では,株式と消費の相関を 1 と仮定し,株式の期待超過収益率が 4～6% の水準であると仮定したときに,相対的危険回避度の推定値は 5～22 という値を示している.また,谷川 (1994) による実証研究では相対的危険回避度は 40 という,かなり大きな値を示している.これらの結果は,資産価格決定モデルの検証方法の一つである分散境界 (variance bound) を多くの場合満たし,米国の株式市場を対象にした実証研究結果よりも低い値を示しているものの,依然としてその大きさに関し,われわれの持つ経済「常識」に基づく事前の予想を大きく超える数値となっている.また,祝迫 (2001) は株式データを用いる危険回避度の推定に関して,次のように結論付けている.

『日本においては,短期(月次・四半期)での,株式市場の動きと消費変動

[*1] W を富の水準, u を効用関数とし,限界効用を $z \equiv u'(W)$ で定義したときに,その増し分は $dz = u''(W)dW$ となり,これから,限界効用の富に関する弾力性は,次に示すように,相対的危険回避度に等しい.

$$-\left(\frac{dz(W)}{z}\right) \Big/ \left(\frac{dW}{W}\right) = -\left(\frac{u''(W)dW}{u'(W)}\right) \Big/ \left(\frac{dW}{W}\right) = -\frac{u''(W)W}{u'(W)} = RRA(W)$$

の関係がアメリカと比較して極端に弱い．したがって，実際のプライシングのための資産価格モデルとしてのCAPMには，ほとんど実用性がない．（中略）同じ理由から，消費CAPMを異時点間の効用最大化モデルとして捉え，時間選好率（割引率）や危険回避度を推定しようとする試みは，表面上うまくいっているようにみえても，ほとんど信用できない．より具体的には，株式のデータを使った消費CAPMモデルの推定から得られた危険回避度，時間選好率等のパラメータの値を，政策決定（例えば，税率の決定等）に安易に用いるのは非常に危険である[*2]．』

われわれの研究は，株式市場データを用いた危険回避度を推計するのでなく，保険需要データ[*3]を用いた実証を試みた．この場合，Szpiro (1986) の研究を拡張し，(1) 時系列でなく横断面データを用い，(2) 損害保険でなく生命保険データを用い，(3) 家計を経済や人口学的属性によって異なるグループに分け，異なるグループごとに相対的危険回避度の特性やその値の推定を試みたことに特徴がある．

4.3 期待効用最大化と危険回避係数の推定

家計の期待効用最大化と保険需要関数

初期富 W_0 を保有する家計が，人的資産 H の喪失に伴う経済的損失を回避するために生命保険契約を有している状況を考えよう．1期間の死亡確率を q，保険料を π_0，死亡保険金額を I とすると，この家計の期待効用最大化問題は次のように定式化される．

$$E[u(\tilde{W}_1)] = (1-q)u(W_0 + H - \pi_0) + qu(W_0 + I - \pi_0) \tag{4.1}$$

右辺第1項は家計の世帯主が生存しているときの効用を，第2項は死亡時の効用を表す[*4]．生存時には初期富に人的資本 H を加えた総資本を有し，その中

[*2] 祝迫 (2001), 33–34 ページ．
[*3] 分析に使用したデータでの世帯の株式保有率は7年平均で24%，生命保険（変額，一時払い養老，個人年金を除く）保有率は平均83%である．
[*4] ここでは，死亡以外の不確実性を考慮しない．たとえば金融資産投資に伴う不確実性をも考慮した，いわゆる背景リスク（background risk）を考慮したときの保険需要は極めて複雑にな

から保険料 π_0 を支払う.生存時の人的資本の経済的価値は,確定的にその値を推定可能なものとする.死亡時には,生存時に H の価値があった人的資本が確率 q で失われ $(H=0)$,保険会社から死亡保険金 I が支払われる.ただし,保険料は以下のいわゆる期待値原理あるいは収支相等原則によって決定されるものとする.

$$\pi_0 = qI(1+\lambda) \tag{4.2}$$

ここで,λ は正の危険割増し率 (risk loading factor) を示す.つまり,保険料は期待保険金支払額の不確実性に対する保険会社の危険回避的な態度を反映させる割増し率を考慮して決まると仮定する.

(4.2) 式を (4.1) 式に代入し,その結果を総資産 (W_0+H) の周りで,2次の項までテイラー展開すると,次の結果が得られる.

$$\begin{aligned}
E\big[u(\tilde{W}_1)\big] &= q\left[u(\bullet) + u'(\bullet)\{I - qI(1+\lambda) - H\} + \frac{1}{2}u''(\bullet)\{I - qI(1+\lambda) - H\}^2\right] \\
&\quad + (1-q)\left[u(\bullet) - u'(\bullet)\{qI(1+\lambda)\} + \frac{1}{2}u''(\bullet)\{qI(1+\lambda)\}^2\right]
\end{aligned} \tag{4.3}$$

この結果を保険需要である保険金支払額 I に関して偏微分し,その結果をゼロとおくと

$$\begin{aligned}
0 &\equiv \frac{\partial E[u(\tilde{W}_1)]}{\partial I} \\
&= q\left[u'(\bullet) - u'(\bullet)q(1+\lambda) + u''(\bullet)I\{1 - q(1+\lambda)\}^2 \right. \\
&\quad \left. - u''(\bullet)H\{1 - qI(1+\lambda)\}\right] \\
&\quad + (1-q)\left[-u'(\bullet)q(1+\lambda) + u''(\bullet)I\{q(1+\lambda)\}^2\right]
\end{aligned} \tag{4.4}$$

が得られる.

さらに,両辺を $-qu'(\bullet) \neq 0$ で除して,Arrow–Pratt の絶対的危険回避度を $a \equiv -u''/u'$ とすると,(4.4) 式は絶対的危険回避度の関数として,次のように表現できる.

り,その結果,危険回避度の推定もまた困難になる.背景リスクと保険需要に関しては,Meyer and Meyer (1998) あるいは Vercammen (2001) を参照のこと.

$$0 \equiv \frac{\partial E[u(\tilde{W}_1)]}{\partial I}$$
$$= [-1 + q(1+\lambda) + aI\{1 - q(1+\lambda)\}^2 - aH\{1 - q(1+\lambda)\}]$$
$$+ (1-q)\{(1+\lambda) + aIq(1+\lambda^2)\} \tag{4.5}$$

ここで1期間死亡確率 q は通常非常に小さいので，$q \approx 0$ とおくと，上の (4.5) 式は次のように簡単な表現になる．

$$0 \equiv \frac{\partial E[u(\tilde{W}_1)]}{\partial I} = (1+\lambda) - 1 + aI - rH \tag{4.6}$$

これを I に関して解いて，次のような保険需要関数を導く．

$$I = H - \frac{\lambda}{a(W_0 + H)} \tag{4.7}$$

つまり，最適な生命保険需要は，保険契約の対象になる人的資本 H から，保険価格決定における割増ファクターを危険回避度で割ったものを差し引いたものに等しい．この結果から，保険需要は，(1) 人的資本価値が高くなるほど，また，(2) 絶対的危険回避度が高くなるほど増加し，(3) 危険割増率が高くなるほど，したがって保険料が高くなるほど，減少することがわかる．

この結果を用いて，相対的危険回避度が富について増加関数，減少関数，あるいは一定であるのかを判定し，また相対的危険回避度が一定であるとした場合，その値を推計する．

a. 相対的危険回避度は富に関する減少関数か

(4.7) 式を用いて相対的危険回避度を推定するために，まず，絶対的危険回避度が生存時の総資産に関して次のような非線形関数で表されると仮定する[*5)]．

[*5)] (4.8) 式は Cass and Stiglitz(1970) によって示された線形危険許容度 (linear risk torrance: LRT) の特殊な場合である．線形危険回避度は，絶対的危険回避度の逆数が富の線形関数であることを仮定する．つまり

$$\frac{1}{a} = -\frac{u'(\bullet)}{u''(\bullet)} = \alpha + \beta(W_0 + H)$$

であることを意味する．(4.8) 式との対比で，このことは $\alpha = 0, \beta = 1/c, h = 1$ を意味する．もし効用関数がこのように表現できるとすると，効用関数は HARA(hyperbolic absolute risk aversion) 族に属するといえる．このとき，すべての投資家が同じ β を持っていると，いわゆる "two funds separation" が成立する．このような効用関数としては，2次，対数，べき型，指数効用関数が含まれる．

$$a \equiv -\frac{u''(\bullet)}{u'(\bullet)} = \frac{c}{(W_0+H)^h} \tag{4.8}$$

(4.8) 式を生存時の富の合計 (W_0+H) で偏微分すると

$$\frac{\partial a}{\partial(W_0+H)} = \frac{-c}{(W_0+H)^{h+1}} \tag{4.9}$$

であるので，正の c では絶対的危険回避度が減少することを意味する．また (4.8) 式の両辺に生存時の総資産 (W_0+H) を掛けると，相対的危険回避度 r が得られる．

$$r \equiv -\frac{u''(\bullet)(W_0+H)}{u'(\bullet)} = \frac{c}{(W_0+H)^{h-1}} \tag{4.10}$$

もしパラメータ h が 1 に等しければ，パラメータ c は相対的危険回避係数の推定値になる．さらに，右辺の分子の c は通常正の値をとるものとする．もし $c=0$ であれば，r = 0 であり，そのことは効用関数の 2 次微分が 0 であること，つまり線形の効用関数を持つということ，投資家は危険中立的であることを意味する．

(4.10) 式を生存時の総資産 (W_0+H) で偏微分することにより

$$\frac{\partial r}{\partial(W_0+H)} = \frac{(1-h)c}{(W_0+H)^h} \tag{4.11}$$

が得られるので，$c>0$ に対して，h が 0 と 1 の間にあるときには，相対的危険回避度が増加する（increasing relative risk aversion: IRRA）ことを意味する．また，h が 1 より大きいことは相対的危険回避度が減少する（decreasing relative risk aversion: DRRA）ことを意味する．$h=1$ のとき相対的危険回避度は一定である．

パラメータ h と c の具体的な値，つまり相対的危険回避度の値と絶対あるいは相対的危険回避度の富に関する振る舞いを知るためには，(4.8) 式を用いて (4.7) 式を次のように変形し，実証可能な推定式を導く必要がある．

$$\frac{D}{\lambda} = \frac{(W_0+H)^h}{c} \tag{4.12}$$

ここで，$D \equiv H - I$ であり，世帯主の死亡に伴う家計の正味の人的資産損害額，つまり，保険でカバーされていない人的資本の価値を表す．

b. 相対的危険回避度の測定

推定式 1：線形回帰モデル

(4.7) 式を人的資産の正味の損害額 $D \equiv H - I$ に関して解き，両辺に対数をとると

$$\ln\left(\frac{D}{\lambda}\right) = -\ln(c) + h\ln(W_0 + H) \tag{4.13}$$

と表すことができる．安全割増率 $\lambda \neq 0$ が与えられると，(4.13) 式において $y \equiv \ln(D/\lambda)$ を従属変数とし，$x \equiv \ln(W_0 + H)$ を独立変数とみなせば，通常の線形回帰モデル（ordinary least squares: OLS）によって相対的危険回避度を推定できる．もし傾きの推定値 $\hat{h}$ が 1 に等しければ，(4.10) 式によって，切片の推定値から計算された定数 $\hat{c}$ は相対的危険回避度の偏りのない推計値である．この点は，(4.13) 式を $\ln(W_0 + H)$ で偏微分することにより，推定値 $\hat{c}$ が人的資産損害額の総資産に対する弾力性を表していることからもわかる．

しかしながら，この線形回帰式は人的資産の正味損害額 D が正であるという制約のもとでしか適用できないという欠点がある．

推定式 2：非線形回帰モデル

非線形最小二乗法を用いて，(4.12) 式を直接推計することを考える．この場合，保険でカバーされていない人的資産価値がゼロあるいはマイナスになってもパラメータの推定が可能となる．

4.4 データと変数の定義

4.4.1 使用データ

生命保険需要からの危険回避度の推定にあたって，日本経済新聞社「金融行動調査」の 1993〜1999 年までの 7 年間の個票データを利用した．この調査は東京都，埼玉県，千葉県，神奈川県の全域[*6)]に居住する 25〜69 歳（1999 年は 74 歳まで）の男女 5000 人（1999 年は 4500 人）を調査対象としている．標本抽出法は第一次抽出単位を地点，第二次抽出単位を個人とする 2 段無作為抽

[*6)] 1997〜1999 年の 3 年間は調査地域を東京駅を中心とする首都圏 40 km 圏に変更．

出で,個人抽出には住民基礎台帳を利用している.また,有効標本数は1993～1998年が約2700(1999年:約2500),回収率は約55%となっている.

分析にあたり,標本には次の基準に基づいて限定を加えた.

- 世帯主と配偶者のいずれかが生命保険に加入している場合,少なくともいずれかの死亡保険金総額を回答している.もしくは,世帯主と配偶者の両方が保険に加入していない
- 資産総額が極めて大きい数少ない世帯の推定結果への影響を鑑み,独立変数である世帯の資産総額(人的資本+保有資産総額)規模の上位1%のサンプルについては推定から除外した
- 属性別のリスク回避度の推定にあたっては,該当する属性を選択,もしくは数値を回答している

4.4.2 危険回避度推定の属性分類について

危険回避度を推定するいくつかの属性は世帯主の属性を選択したが,世帯主の定義は便宜上,配偶者のいる女性以外のすべての者とした.この前提のもとに使用した属性分類とその定義は表4.2の通りである.

表4.2 家計の属性による分類

属性	グループ数	分類定義
世帯主年齢	4	世帯主の年齢が20代,30代,40代,50代
世帯主性別	2	世帯主の性別が男,女
世帯主学歴	4	世帯主の最終学歴が中学卒,高校卒,短大・高専卒,大学卒
世帯主勤務先	3	世帯主の勤務先が民間企業,官公庁・自治体,事業主・専門職
世帯主役職	3	世帯主の役職が一般職員(主任・係長を含む),管理職,役員
ライフステージ	8	調査時点で世帯の属するライフステージ:未婚,結婚,第一子誕生,第一子小学校入学,第一子中学校入学,第一子高校入学,第一子大学入学,第一子独立,末子独立,孫誕生
世帯規模	5	世帯を構成する人数:世帯主,配偶者,および被扶養者数1人～5人以上
配偶者就労	2	配偶者の仕事の有無
株式投資比率	3	株投資比率:世帯の預貯金・投資総額に占める保有株時価額が0%,0～10%,10%以上
居住形態	3	世帯が居住する住宅の形態が持家(一戸建),持家(マンション・集合住宅),借家

4.4.3 変数についての説明

危険回避度推定にあたり，使用した変数の定義は次の通りである．

$\hat{H}$：生命リスクにかかる人的資本レベル

$$\hat{H} = \begin{cases} [\text{世帯主年齢が 60 歳未満で給与が定常収入の場合}] \\ \quad 世帯年収 \times (60 + 退職金年数 - 世帯主年齢) \\ [\text{世帯主年齢が 60 歳以上で給与が定常収入の場合}] \\ \quad 世帯年収 \times \max(0,\ 65 - 世帯主年齢) \\ [\text{給与・年金以外の定常収入がある場合}] \\ \quad 世帯年収 \times \max(0,\ 70 - 世帯主年齢) \end{cases} \quad (4.14)$$

ここで，人的資本の定義は，世帯主が死亡することによって失われる将来の世帯収入の現在価値とする．高山ら (1990) によれば，公的年金は人的資本の約 20% を占めると推計されるが，公的年金による人的資本は長生きリスクを保障する社会保障制度であり，生命保険によってカバーされるべき人的資本であるとは考えない．よって，ここでは公的年金については加味しない．

厳密な意味で人的資本を個々のサンプルに対して計算することは，将来の不確実性，また，多くの属性が将来収入の変動に関わってくることから非常に困難であり，今回の分析では人的資本の算出にかかる条件を (4.14) 式として定式化した．しかしながら，実際の推定計算では，給与所得者は世帯年収が 5 年ごとに変動すると仮定した．給与所得者の世帯年収については，世帯主年齢・性別をもとに，世帯年収が厚生労働省「賃金構造基本統計調査」における 1999 年性別年齢階級間賃金格差の推移と同水準で，加齢に応じて変動すると仮定した．

また，厚生労働省「雇用管理調査」より，1999 年現在で定年制を一律に定めている企業が 90.2%，そのうち 91.2% が定年年齢を 60 歳と定めていることから，給与所得者の定年年齢を 60 歳と考えることは妥当であると判断した．しかしながら，すでに 60 歳以降で給与収入のある者については，退職金はすでに得たものとし，同額の給与収入が 65 歳まで継続すると仮定した．さらに，退職金加算は厚生省の「賃金労働時間制度等総合調査」より，1997 年学歴別退職金

額が年収換算で大学卒 3.8 年,高校卒 (管理事務職) 3.5 年,中学卒 3.1 年,短大卒は大学卒と高校卒の中間値 3.65 年を利用して,定年時年収に乗じた.最後に,給与を定常的な所得としない世帯については,世帯主年齢によらず,調査時点の世帯年収が 70 歳まで継続すると仮定した.

I:世帯における死亡保障の合計額

$$I = 世帯主死亡保険金額 + 配偶者死亡保険金額$$

ここでは,世帯主・配偶者の通常死亡[*7)]に対する危険回避に焦点を当てており,子供に掛けた生命保険の死亡保障,払込保険料と死亡保障額がおおむね同等となる一時払い養老保険の死亡保障,ならびに個人年金保険等に付帯される死亡保障は含めない.また,死亡保険金額 I を世帯における世帯主と配偶者の死亡保険金額の合計額とした理由は,今回使用したデータでは,人的資本算出の基礎として使用される世帯年収が世帯合計で提供されており,世帯合計として算出した人的資本と整合性を持たせるためである.

W_0:世帯の人的資本以外の保有資産合計額

$$W_0 = 貯蓄・投資総額^{*8)} + 一時払い養老保険金額 + 所有不動産評価額$$
$$+ その他資産評価額^{*9)}$$

世帯の保有資産の算出においては,保有する金融資産の時価額,所有するすべての不動産評価額,その他資産評価額のすべてを加算した.貯蓄性の高い生命保険,たとえば終身保険,個人年金保険の責任準備金部分については加味していない.

[*7)] 病気・けがによる死亡を保障する契約を対象とし,けがによる死亡のみを補償の対象とする災害死亡保障契約は,これに含まない.
[*8)] 預貯金,債券,株式,投資信託,外貨預金,その他の貯蓄・投資商品の残高総額 (保険,年金,金・金貨,不動産は含まない).
[*9)] 金・金貨,ゴルフ会員権,リゾートクラブ会員権,不動産共同所有,ワンルームマンション.

λ：安全割増率

生命保険純保険料に占める安全割増保険料の割合を表す．生命保険の安全割増率を単年度の集計されたデータから推定するのは困難である．ここでは合理的な値として，0.3 と仮定する．

4.5　分　析　結　果

まず推定結果の解釈を行う上で注意すべき点をまとめておく．
(1) パラメータ h は，(4.11) 式から，パラメータ c が正であるという条件のもとで，相対的危険回避度が富の増加に対してどのような振る舞いを示すかを明らかにしている．ここで，(a) h が 0 と 1 の間にあれば，相対的危険回避度が増加することを，(b) $h = 1$ であれば相対的危険回避度は一定であることを，(c) h が 1 以上であれば，相対的危険回避度は減少することを意味する．多くのファイナンス理論では相対的危険回避度が一定の効用関数を想定している
(2) パラメータ c の値は，(4.10) 式に示されているように，h が 1 のときの相対的危険回避度（constant relative risk aversion: CRRA）の推定値を示している．c が 0 であることは危険中立的な投資家を示す．相対的危険回避度の絶対的な水準がいくらであるべきかを断定的に述べることは難しいが，脚注＊1) に示したように，相対的危険回避度が限界効用の富に関する弾力性であることを考えると，1 から非常に離れた値になると想定することは困難であろう．もしそれが 1 であれば，理論研究でよく用いられる対数効用関数が妥当であることを意味する

表 4.3 と図 4.1，4.2 はすべての世帯データを用いた場合の分析を示し，表 4.4 と図 4.3〜4.20 は，家計を経済的，人口学的属性によって分類して行った分析の結果を示している．

まず，パラメータ h の値は，すべての世帯データを用いた場合，また，世帯主が男性である場合，世帯主の年齢，学歴，職業，配偶者の就労状態の別に分けた場合でも，時間が経つにつれ，データの最終年度である 1999 年度には 1 の値に収斂する傾向がある．他方，世帯主が女性である場合，また，世帯規模，

表 4.3 非線形モデルによるパラメータ h と c の係数推定結果

年度	R^2	h	標準誤差	c	標準誤差
1993	0.522	1.010	0.024	0.560	0.136
1994	0.496	0.939	0.024	0.271	0.066
1995	0.578	1.086	0.022	1.144	0.260
1996	0.517	0.954	0.023	0.305	0.070
1997	0.655	1.131	0.021	1.731	0.364
1998	0.621	1.152	0.021	2.160	0.467
1999	0.608	1.091	0.024	1.201	0.290

居住形態などで分類された分析ではパラメータ h の値は 1 以下であることが多い．またパラメータ h は多くの年で有意であったが，パラメータ h の値が 1 であるときの相対的危険回避度 c の値は，いくつかの世帯グループや年によっては有意でないものが見受けられた．

次に個々の場合について検討することにしよう．表 4.3 はすべての世帯標本について，1993～1999 年までのデータを非線形回帰モデル ((4.12) 式) を用いて推定した場合の，モデル説明力，パラメータ h, c の値，それらの標準誤差を示している．決定係数はおおむね高い値を示している．パラメータ h の推定値は，ほぼ 1 でかつすべての年で有意であり，したがってパラメータ c の推定値は相対的危険回避度の有意な推定値であるとみなすことができる．相対的危険回避係数は，1993 年以降多少の上下変動はあるものの 1998 年まで趨勢として上昇傾向を示している．特に，金融危機の顕著であった 1997～1998 年にかけて相対的危険回避度は顕著な上昇を示している．1996 年度の相対的危険回避度の値が約 0.3 であったのに対して，1997 年度には 1.7, 1998 年度には 2.2 程度に，実に 7～8 倍の増加を示している．他方，1999 年になるとその値は 1.0 程度に減少している（図 4.1, 4.2 参照）．この実証結果は，この期間の日本の家計における危険回避傾向の変化を如実に表しているといってよいであろう．

しかし，この結果はあくまでもすべての家計データを集計したときに得られた結果である．図 4.3～4.20 に示されているように，家計を人口学や経済的な属性によって異なるグループごとに分けて，同様の分析を試みると結果は大幅に異なる．

図 4.3 と図 4.4 は世帯主の年齢を 4 つのグループに分けたときの推定値を示している．20 歳代，30 歳代では，h の値はほぼ 1 であるとみなすことができる．

4.5 分析結果

表 4.4 経済的・人口学的属性によって分類された世帯のパラメータ推定結果

a. 世帯主年齢

年度	20歳代					30歳代				
	R^2	h	標準誤差	c	標準誤差	R^2	h	標準誤差	c	標準誤差
1993	0.798	0.963	0.322	0.246	0.823	0.642	0.924	0.029	0.190	0.057
1994	0.855	0.962	0.024	0.239	0.060	0.681	0.948	0.029	0.234	0.069
1995	0.840	1.028	0.255	0.467	0.122	0.772	0.989	0.022	0.350	0.080
1996	0.901	1.021	0.019	0.414	0.081	0.783	1.006	0.023	0.412	0.095
1997	0.900	0.996	0.021	0.333	0.071	0.777	1.021	0.024	0.483	0.120
1998	0.936	1.008	0.015	0.363	0.058	0.802	1.001	0.022	0.388	0.090
1999	0.823	1.003	0.034	0.359	0.127	0.691	0.945	0.031	0.231	0.072

年度	40歳代					50歳代				
	R^2	h	標準誤差	c	標準誤差	R^2	h	標準誤差	c	標準誤差
1993	0.489	0.869	0.034	0.134	0.047	0.236	0.756	0.063	0.078	0.049
1994	0.537	0.819	0.033	0.079	0.026	0.174	0.627	0.066	0.022	0.014
1995	0.567	0.933	0.035	0.250	0.089	0.245	0.706	0.059	0.046	0.027
1996	0.422	0.725	0.036	0.032	0.012	0.217	0.591	0.057	0.015	0.008
1997	0.574	0.860	0.033	0.116	0.039	0.382	0.959	0.056	0.494	0.279
1998	0.544	1.006	0.037	0.521	0.198	0.321	0.816	0.054	0.122	0.065
1999	0.531	0.834	0.039	0.091	0.036	0.347	0.917	0.060	0.322	0.194

b. 世帯主性別

年度	男性					女性				
	R^2	h	標準誤差	c	標準誤差	R^2	h	標準誤差	c	標準誤差
1993	0.521	1.019	0.025	0.616	0.158	0.436	0.884	0.095	0.151	0.140
1994	0.497	0.962	0.026	0.343	0.091	0.484	0.756	0.068	0.039	0.026
1995	0.590	1.130	0.024	1.797	0.444	0.418	0.680	0.063	0.020	0.012
1996	0.523	0.986	0.025	0.424	0.107	0.396	0.615	0.062	0.011	0.006
1997	0.659	1.160	0.022	2.355	0.541	0.634	0.990	0.047	0.355	0.166
1998	0.623	1.182	0.023	2.958	0.697	0.670	1.110	0.055	1.108	0.593
1999	0.648	1.145	0.032	2.021	0.665	0.550	1.002	0.035	0.509	0.181

このとき相対的危険回避度の推定値である c は，0.2〜0.4 程度の低い値をとっている．これに対し，40 歳代と 50 歳代の高年齢層，とりわけ 50 歳代では，h の値は 1995 年まで 1 よりかなり小さく，1995 年以降上昇するが，依然 1 より小さい．このことは，世帯主が若年層であるときには相対的危険回避度が一定で比較的小さな値であるのに対し，中年世代では相対的危険回避度が増加することを意味している．とりわけ 1996 年度はその傾向が強い．

図 4.5 と図 4.6 は世帯主を男女別に分けた場合の分析を行っている．パラメータ h の値は男性の方が女性よりもすべての年度で大きい．世帯主が女性である

図 4.1　全サンプル h

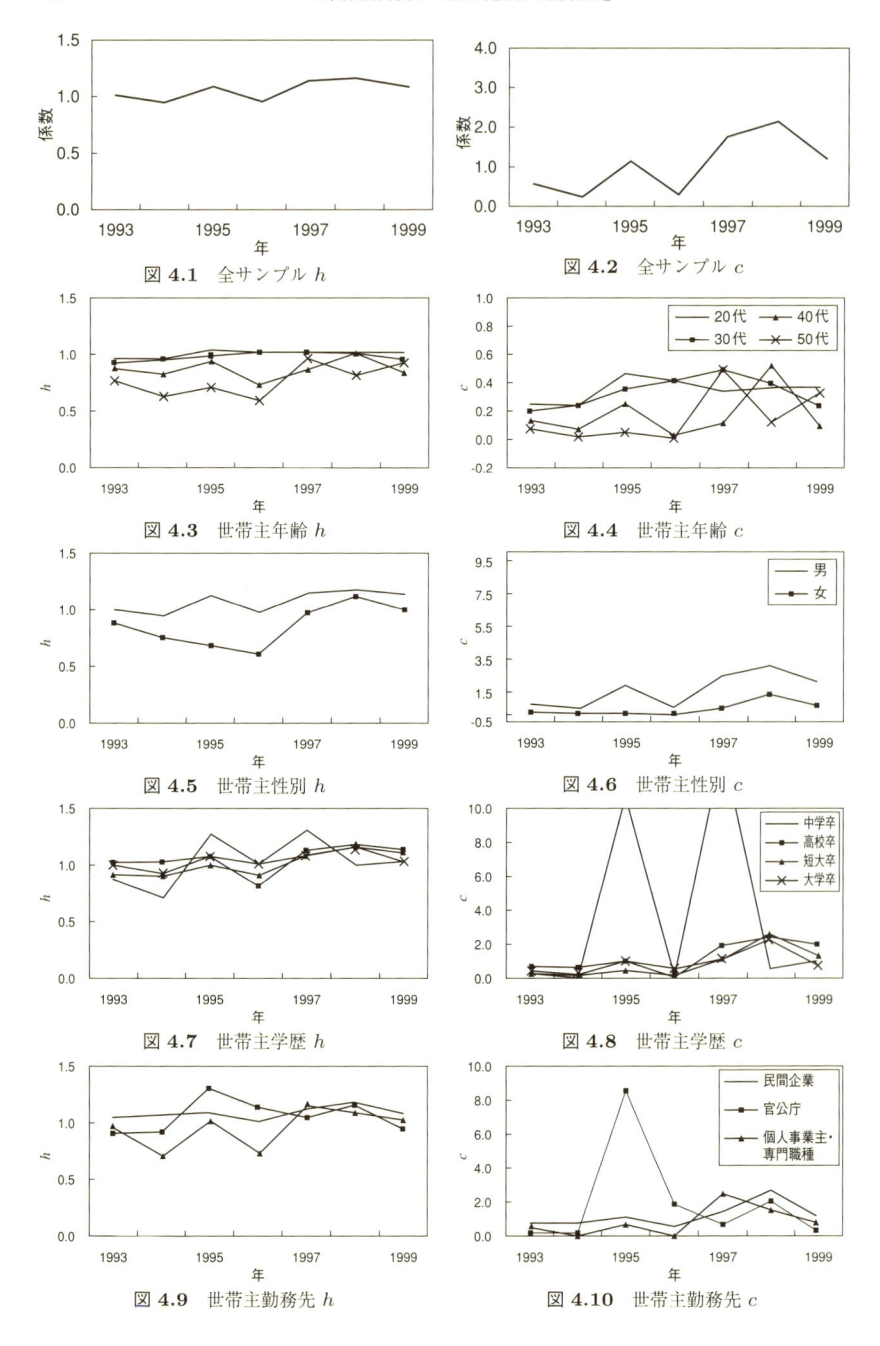

図 4.2　全サンプル c

図 4.3　世帯主年齢 h

図 4.4　世帯主年齢 c

図 4.5　世帯主性別 h

図 4.6　世帯主性別 c

図 4.7　世帯主学歴 h

図 4.8　世帯主学歴 c

図 4.9　世帯主勤務先 h

図 4.10　世帯主勤務先 c

4.5 分析結果

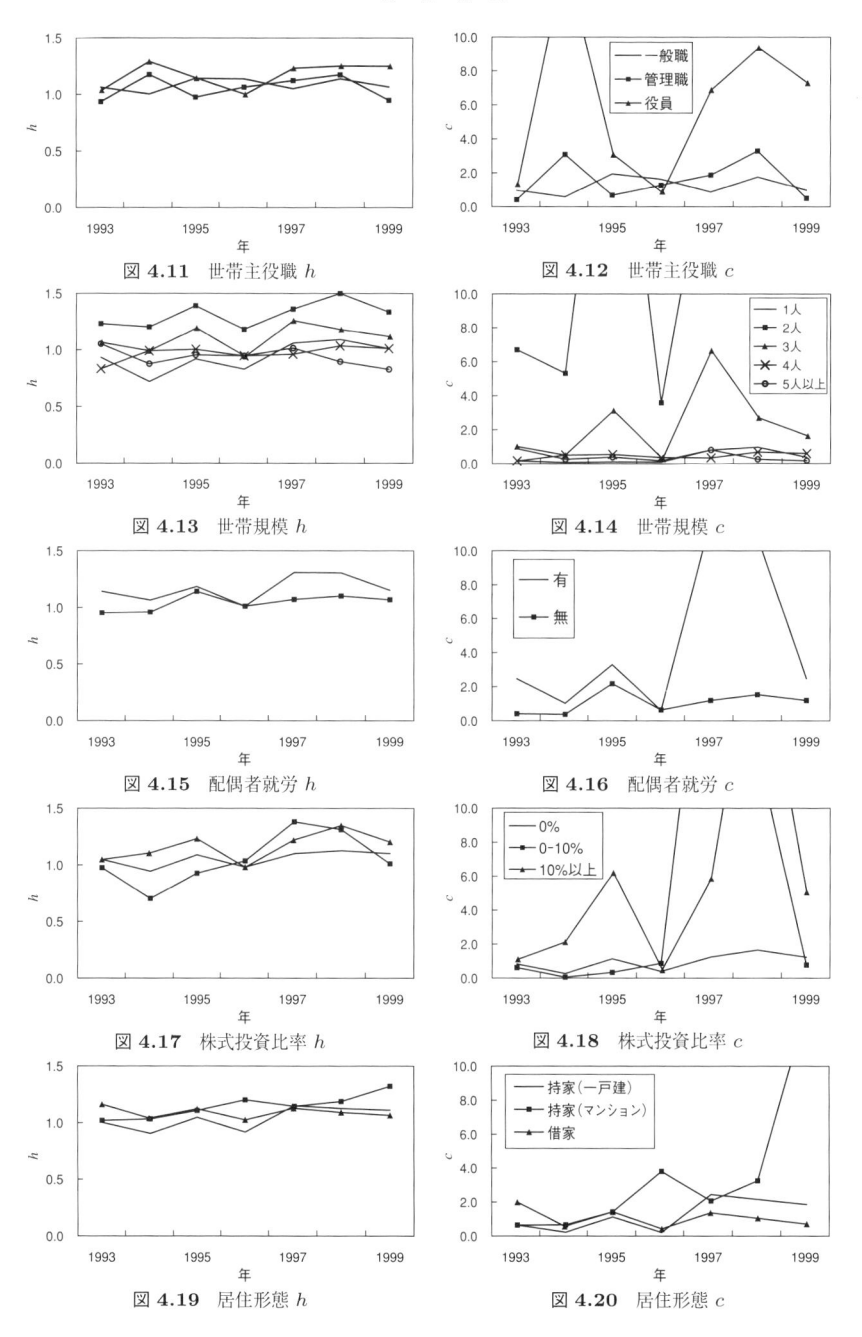

図 4.11 世帯主役職 h

図 4.12 世帯主役職 c

図 4.13 世帯規模 h

図 4.14 世帯規模 c

図 4.15 配偶者就労 h

図 4.16 配偶者就労 c

図 4.17 株式投資比率 h

図 4.18 株式投資比率 c

図 4.19 居住形態 h

図 4.20 居住形態 c

表 4.4 c. 世帯主学歴

年度	中学卒					高校卒				
	R^2	h	標準誤差	c	標準誤差	R^2	h	標準誤差	c	標準誤差
1993	0.360	0.875	0.097	0.204	0.197	0.495	1.026	0.041	0.690	0.287
1994	0.340	0.709	0.083	0.041	0.034	0.515	1.024	0.039	0.648	0.258
1995	0.525	1.283	0.090	10.555	9.732	0.554	1.074	0.036	1.026	0.379
1996	0.545	1.007	0.068	0.576	0.394	0.410	0.811	0.039	0.081	0.032
1997	0.510	1.313	0.101	13.323	13.745	0.644	1.137	0.034	1.873	0.648
1998	0.456	0.987	0.086	0.525	0.453	0.595	1.160	0.037	2.372	0.888
1999	0.428	1.031	0.109	0.970	1.056	0.614	1.132	0.040	1.880	0.770

年度	短大・高専卒					大学・大学院卒				
	R^2	h	標準誤差	c	標準誤差	R^2	h	標準誤差	c	標準誤差
1993	0.399	0.921	0.087	0.217	0.191	0.508	0.994	0.034	0.457	0.163
1994	0.469	0.907	0.078	0.186	0.147	0.455	0.933	0.037	0.241	0.093
1995	0.634	1.003	0.057	0.436	0.251	0.533	1.076	0.036	1.024	0.376
1996	0.533	0.922	0.061	0.201	0.123	0.507	1.014	0.036	0.539	0.197
1997	0.613	1.094	0.064	1.126	0.731	0.629	1.096	0.031	1.180	0.374
1998	0.740	1.185	0.045	2.631	1.219	0.598	1.155	0.032	2.219	0.742
1999	0.696	1.112	0.054	1.300	0.705	0.573	1.046	0.036	0.748	0.275

表 4.4 d. 世帯主勤務先

年度	民間企業					官公庁				
	R^2	h	標準誤差	c	標準誤差	R^2	h	標準誤差	c	標準誤差
1993	0.573	1.046	0.025	0.759	0.198	0.479	0.914	0.070	0.203	0.146
1994	0.597	1.057	0.026	0.817	0.216	0.515	0.932	0.077	0.230	0.179
1995	0.623	1.093	0.024	1.145	0.284	0.772	1.294	0.056	8.520	4.947
1996	0.594	1.016	0.024	0.529	0.131	0.573	1.137	0.075	1.784	1.348
1997	0.690	1.120	0.022	1.475	0.331	0.610	1.044	0.067	0.697	0.479
1998	0.680	1.183	0.023	2.727	0.645	0.643	1.147	0.065	2.002	1.335
1999	0.642	1.094	0.027	1.160	0.318	0.636	0.944	0.066	0.243	0.162

年度	個人事業主・専門職種				
	R^2	h	標準誤差	c	標準誤差
1993	0.381	0.969	0.078	0.443	0.360
1994	0.279	0.712	0.071	0.034	0.025
1995	0.434	1.011	0.069	0.679	0.486
1996	0.326	0.747	0.064	0.046	0.030
1997	0.512	1.156	0.070	2.474	1.787
1998	0.483	1.097	0.060	1.521	0.945
1999	0.440	1.030	0.070	0.780	0.556

4.5 分析結果

表 4.4 e. 世帯主役職

年度	一般職（主任・係長含む）					管理職				
	R^2	h	標準誤差	c	標準誤差	R^2	h	標準誤差	c	標準誤差
1993	0.685	1.075	0.024	0.915	0.228	0.479	0.926	0.048	0.255	0.124
1994	0.698	1.005	0.023	0.436	0.104	0.631	1.178	0.049	3.001	1.506
1995	0.780	1.150	0.020	1.831	0.380	0.460	0.970	0.056	0.381	0.215
1996	0.763	1.132	0.021	1.505	0.316	0.546	1.063	0.052	0.982	0.520
1997	0.735	1.052	0.022	0.678	0.151	0.627	1.122	0.049	1.704	0.856
1998	0.763	1.142	0.022	1.662	0.366	0.623	1.184	0.047	3.158	1.526
1999	0.701	1.063	0.027	0.779	0.211	0.562	0.950	0.051	0.305	0.158

年度	役員				
	R^2	h	標準誤差	c	標準誤差
1993	0.270	1.045	0.165	1.201	2.064
1994	0.326	1.290	0.185	15.036	29.051
1995	0.390	1.153	0.147	2.976	4.497
1996	0.326	0.999	0.148	0.772	1.192
1997	0.550	1.235	0.120	6.921	8.650
1998	0.371	1.255	0.175	9.429	17.072
1999	0.523	1.255	0.154	7.337	11.504

表 4.4 f. ライフステージ

年度	1（未婚）					2（結婚）				
	R^2	h	標準誤差	c	標準誤差	R^2	h	標準誤差	c	標準誤差
1993	0.612	0.829	0.043	0.071	0.030	0.743	1.272	0.069	6.904	4.935
1994	0.562	0.669	0.039	0.015	0.006	0.852	1.164	0.041	2.095	0.909
1995	0.741	0.993	0.033	0.339	0.111	0.824	1.178	0.048	2.417	1.227
1996	0.743	0.849	0.028	0.081	0.022	0.796	1.204	0.052	3.222	1.735
1997	0.839	1.025	0.024	0.458	0.112	0.752	1.141	0.054	1.656	0.938
1998	0.812	1.053	0.027	0.594	0.159	0.785	1.175	0.056	2.353	1.370
1999	0.741	0.983	0.035	0.317	0.113	0.783	1.142	0.064	1.640	1.089
年度	3（第一子誕生）					4（第一子小学校入学）				
	R^2	h	標準誤差	c	標準誤差	R^2	h	標準誤差	c	標準誤差
1993	0.715	1.070	0.043	0.823	0.365	0.590	0.961	0.046	0.297	0.140
1994	0.840	1.076	0.031	0.823	0.263	0.567	0.829	0.049	0.074	0.037
1995	0.775	1.082	0.035	0.905	0.331	0.691	1.035	0.045	0.610	0.282
1996	0.776	1.059	0.037	0.695	0.265	0.628	1.025	0.050	0.555	0.286
1997	0.806	1.121	0.037	1.359	0.525	0.595	0.884	0.052	0.132	0.070
1998	0.738	1.067	0.043	0.773	0.344	0.643	1.012	0.047	0.490	0.233
1999	0.650	0.927	0.054	0.202	0.112	0.624	0.915	0.049	0.189	0.094

表 4.4 f. つづき

年度	5（第一子中学校入学）					6（第一子高校入学）				
	R^2	h	標準誤差	c	標準誤差	R^2	h	標準誤差	c	標準誤差
1993	0.460	0.745	0.071	0.037	0.027	0.601	0.921	0.060	0.229	0.139
1994	0.577	0.921	0.075	0.210	0.159	0.332	0.843	0.120	0.108	0.130
1995	0.640	0.891	0.064	0.153	0.988	0.562	0.990	0.079	0.476	0.383
1996	0.638	0.932	0.063	0.232	0.150	0.422	0.883	0.105	0.159	0.168
1997	0.723	1.055	0.061	0.796	0.495	0.606	0.974	0.074	0.375	0.282
1998	0.637	0.900	0.074	0.168	0.126	0.446	0.803	0.081	0.073	0.060
1999	0.475	0.938	0.112	0.258	0.292	0.646	0.870	0.067	0.126	0.085

年度	7（第一子大学入学）					8（第一子独立）				
	R^2	h	標準誤差	c	標準誤差	R^2	h	標準誤差	c	標準誤差
1993	0.467	0.931	0.072	0.290	0.212	0.273	0.789	0.086	0.101	0.087
1994	0.385	0.636	0.065	0.015	0.010	0.399	0.991	0.081	0.701	0.571
1995	0.529	0.996	0.077	0.540	0.421	0.234	0.684	0.094	0.035	0.033
1996	0.429	0.812	0.070	0.088	0.062	0.249	0.801	0.096	0.111	0.107
1997	0.562	0.974	0.081	0.405	0.332	0.454	1.043	0.073	1.067	0.792
1998	0.504	1.071	0.074	1.172	0.881	0.367	0.950	0.084	0.438	0.369
1999	0.549	1.011	0.086	0.616	0.537	0.402	1.119	0.083	2.342	1.975

ときには，1996 年以前では h は 1 より小さい．つまり，相対的危険回避度が常に減少するような効用関数を持っていたが，1997 年以降は $h = 1$，つまり相対的危険回避度一定の効用関数を示している．相対的危険回避度の推定値は常に女性の方が男性よりも小さい．したがって女性の方が男性よりも危険回避的で「ない」といえるかもしれない．

図 4.7 と図 4.8 は世帯主の学歴別の推定結果を示している．短大あるいは大学卒業の高学歴世帯主の h は，1998 年度のやや高い値を除き，ほぼ 1 であり，相対的危険回避度は 1 より小さい．中学・高校卒世帯の h は 1 の周りを上下しており，中学・高校卒世帯主家計では，相対的危険回避度が増加したり (1995 年と 1997 年の経済不安が増したとき)，減少する年 (1993, 1994 年) がある．このことは，中学・高校卒世帯の危険回避傾向は，その時々の経済情勢の影響を受けやすい可能性があることを示している．ただし，中学卒世帯の相対的危険回避度の推定値は有意ではなかった．平均的には中学卒世帯は危険中立的であると判断できるかもしれない．

図 4.9 と図 4.10 は世帯主の職業による違いを示している．民間企業に勤める世帯主家計のパラメータ h の値は，ほとんどの年で 1 の近辺にあり，相対的

4.5 分析結果

表 4.4 g. 世帯規模

年度	1 人					2 人				
	R^2	h	標準誤差	c	標準誤差	R^2	h	標準誤差	c	標準誤差
1993	0.681	0.938	0.044	0.214	0.094	0.456	1.233	0.070	6.742	4.900
1994	0.570	0.721	0.042	0.026	0.011	0.454	1.209	0.067	5.280	3.666
1995	0.614	0.918	0.042	0.170	0.071	0.618	1.384	0.057	27.078	16.033
1996	0.633	0.817	0.038	0.062	0.023	0.517	1.179	0.056	3.512	2.026
1997	0.795	1.066	0.030	0.707	0.216	0.616	1.364	0.055	20.817	11.898
1998	0.805	1.095	0.030	0.918	0.270	0.670	1.486	0.054	73.670	41.372
1999	0.742	1.006	0.039	0.410	0.161	0.580	1.325	0.064	14.686	9.750

年度	3 人					4 人				
	R^2	h	標準誤差	c	標準誤差	R^2	h	標準誤差	c	標準誤差
1993	0.504	1.073	0.066	1.048	0.715	0.507	0.837	0.038	0.120	0.047
1994	0.517	0.984	0.058	0.417	0.250	0.585	0.997	0.041	0.434	0.182
1995	0.634	1.189	0.055	3.150	1.754	0.522	0.998	0.047	0.456	0.218
1996	0.470	0.936	0.059	0.256	0.154	0.489	0.955	0.047	0.302	0.147
1997	0.734	1.262	0.045	6.605	3.091	0.614	0.960	0.040	0.308	0.124
1998	0.602	1.168	0.057	2.640	1.552	0.594	1.029	0.041	0.626	0.263
1999	0.553	1.112	0.061	1.572	0.984	0.578	1.008	0.049	0.506	0.250

年度	5 人以上				
	R^2	h	標準誤差	c	標準誤差
1993	0.574	1.050	0.055	0.804	0.453
1994	0.467	0.882	0.066	0.151	0.101
1995	0.491	0.952	0.067	0.323	0.221
1996	0.511	0.959	0.066	0.319	0.215
1997	0.618	1.024	0.059	0.602	0.363
1998	0.443	0.893	0.067	0.172	0.116
1999	0.504	0.816	0.064	0.080	0.052

表 4.4 h. 配偶者就労

年度	有					無				
	R^2	h	標準誤差	c	標準誤差	R^2	h	標準誤差	c	標準誤差
1993	0.571	1.156	0.038	2.526	1.004	0.476	0.949	0.038	0.313	0.122
1994	0.526	1.062	0.040	0.962	0.397	0.478	0.951	0.041	0.315	0.131
1995	0.599	1.185	0.038	3.236	1.263	0.585	1.142	0.038	2.110	0.817
1996	0.522	1.023	0.039	0.639	0.257	0.517	1.015	0.039	0.594	0.238
1997	0.718	1.318	0.033	11.870	4.077	0.609	1.071	0.036	1.016	0.372
1998	0.673	1.302	0.034	10.429	3.659	0.562	1.103	0.039	1.420	0.566
1999	0.606	1.157	0.040	2.434	0.993	0.575	1.069	0.041	1.038	0.433

表 4.4 i. 株式投資比率

年度	0%					0～10%				
	R^2	h	標準誤差	c	標準誤差	R^2	h	標準誤差	c	標準誤差
1993	0.643	1.058	0.022	0.826	0.188	0.295	0.978	0.172	0.553	0.986
1994	0.576	0.945	0.024	0.266	0.064	0.238	0.708	0.167	0.036	0.061
1995	0.638	1.090	0.022	1.113	0.254	0.278	0.918	0.204	0.306	0.634
1996	0.603	0.984	0.022	0.380	0.086	0.461	1.033	0.122	0.851	1.062
1997	0.683	1.104	0.021	1.250	0.274	0.657	1.378	0.118	24.156	29.509
1998	0.705	1.131	0.020	1.608	0.322	0.491	1.317	0.135	13.496	18.622
1999	0.657	1.102	0.025	1.253	0.314	0.464	1.007	0.125	0.730	0.935

年度	10%				
	R^2	h	標準誤差	c	標準誤差
1993	0.396	1.062	0.070	1.177	0.853
1994	0.406	1.120	0.074	2.081	1.575
1995	0.537	1.234	0.065	6.233	4.191
1996	0.379	0.993	0.073	0.570	0.430
1997	0.606	1.228	0.058	5.585	3.368
1998	0.518	1.354	0.074	21.010	16.146
1999	0.563	1.215	0.068	5.069	3.575

表 4.4 j. 居住形態

年度	持家（一戸建）					持家（マンション）				
	R^2	h	標準誤差	c	標準誤差	R^2	h	標準誤差	c	標準誤差
1993	0.441	1.006	0.038	0.644	0.250	0.480	1.019	0.080	0.614	0.503
1994	0.380	0.911	0.041	0.255	0.106	0.625	1.040	0.063	0.684	0.449
1995	0.469	1.066	0.038	1.114	0.432	0.644	1.115	0.058	1.487	0.881
1996	0.405	0.924	0.036	0.270	0.100	0.756	1.211	0.061	3.771	2.393
1997	0.578	1.153	0.032	2.453	0.816	0.720	1.153	0.051	2.083	1.090
1998	0.525	1.138	0.033	2.157	0.726	0.744	1.197	0.052	3.207	1.704
1999	0.566	1.122	0.034	1.823	0.631	0.681	1.326	0.074	13.127	9.941

年度	借家				
	R^2	h	標準誤差	c	標準誤差
1993	0.854	1.165	0.022	2.039	0.467
1994	0.821	1.043	0.024	0.591	0.142
1995	0.883	1.128	0.020	1.353	0.269
1996	0.850	1.032	0.020	0.520	0.107
1997	0.907	1.132	0.018	1.382	0.260
1998	0.893	1.107	0.019	1.063	0.210
1999	0.808	1.068	0.031	0.749	0.237

危険回避度は 0.5〜2.7 の間にある．世帯主が官公庁に勤めている場合は 1993, 1994, 1999 年でパラメータ h の値が 1 より小さく，その他の年で 1 より大きいことが確認されたが，パラメータ c の値はすべての年で有意でなかった．個人事業主・専門職では，パラメータ h の値は年により大きな変動を示すが，1995 年以前はその値はおおむね 1 よりも小さい．

図 4.11 と図 4.12 は世帯主の役職の違いによる影響を示している．役員世帯の相対的危険回避度 c は有意でなく危険中立的であると判断できるが，モデルの説明力は相対的に他の場合に比べて低い．一般職世帯では h が 1 に等しいか，年により 1 より大きく相対的危険回避度が減少する場合もあることがわかった．相対的危険回避度の値も 0.5〜1.7 程度と，年により大きな変化を示している．管理職については相対的危険回避度の推定値が一般職と大きく異なる結果が示された．一般職の相対的危険回避度の低い (高い) 年には管理職の相対的危険回避度は逆に高く (低く) なる傾向が見られた．

図 4.13 と図 4.14 は世帯規模別の相対的危険回避度の違いを示している．2 人の世帯では h の値はすべての年で 1 より大きく，推定された相対的危険回避度は有意ではない．ところが 1 人の世帯では相対的危険回避度は 1996 年までは 1 より小さく，1997 年以降は 1 に等しく相対的危険回避度一定とみなすことができる．1997 年以降の相対的危険回避度は非常に小さい値を示している．

さらに，配偶者就労の有無，株式保有状況，居住形態，ライフサイクル等によって家計を分類した場合の分析も行った．それぞれ興味深い結果を得たが，合理的な解釈は難しいものとなった．

4.6 おわりに

多くのファイナンスの理論研究あるいは実証研究では，投資家や家計の効用関数の形状をあらかじめ特定化した上で，資産需要関数や資産価格決定式を導くことが多い．このとき問題になるのは閉じた解，あるいは実証が容易な結果を導くために，あらかじめ効用関数の形状，したがって危険回避度の大きさについて先験的な仮定を置かざるを得ないことである．もし，仮定が現実の投資家の行動と合致しないときには，理論的帰結と実証結果は意味を持たないこと

になる．

　本章では，第1に，1993～1999年までの7年間の日本の家計の生命保険需要に関する個票データを用いて，家計の相対的危険回避度が富の増加に対してどのような振る舞いをするのか，たとえば，多くの理論や実証研究が念頭においているような相対的危険回避度を一定と仮定することが妥当といえるのかを検証した．第2に，もし相対的危険回避度が一定ということが確認されたならば，相対的危険回避度の具体的な値はバブル崩壊期にどのくらいであったのか，危険回避傾向は増加傾向を示していたのかを検証した．第3に，こうした点を，集計したデータでなく，人口学的，経済的属性によるグループ化を行い，異なるグループ別の危険回避度が有意に異なるのかを検討した．

　すべての世帯データを用いた分析においては，相対的危険回避度を富の水準に関わらずほぼ一定とみなしてよいことがわかった．またこのときの相対的危険回避度の値は，おおよそ 0.3～2.3 までと，年によりかなりの変動を示した．1997年や1998年の金融危機時に相対的危険回避度が高い値を示したことは興味深い．

　しかし，一方で世帯を人口学的属性によって区分したときの分析結果から，次のような点が明らかになった．(1) 異なる人口学的属性で特徴付けられる世帯は異なる危険選好を示した．(2) 従来は必ずしも適切な仮定でないと思われた「相対的危険回避度が富に関する増加関数である」という点も，女性，未婚，単身世帯，40歳代の世代などについて，一部の年ではあるがそうした仮説を裏付けるケースを確かめることができた．(3) 世帯主が役員あるいは中学卒の世帯の場合，危険中立的な効用関数を持つ傾向が見受けられた．

　したがって，全体としては日本の家計は相対的危険回避度が一定であるとみなすことができるものの，その回避度の具体的な値は年により大きな変動を示し，経済的，人口学的に異なる属性を持つ世帯は，異なる水準の危険回避度を持つことに注意しなければならない．

　相対的危険回避度はデータの最終期間である1999年に向けて多くのグループで1に収斂する傾向が見受けられた．言い換えれば，多くの理論研究で便宜的に用いられている対数効用関数を日本の家計に関し想定することは適切であるといえる．

しかし本章で利用したデータはバブル崩壊後のやや特殊な時期のものであり，この結果を一般化できるかどうかは，最近の，あるいはバブル崩壊以前に遡った実証研究が必要になろう．　　　　　　　　　　　〔神谷信一・森平爽一郎〕

文　　献

1) 祝迫得夫 (2001) 資産価格モデルの現状: 消費と資産価格の間の関係を巡って．現代ファイナンス，**9**, 3–39.
2) 高山憲之・舟岡史雄・大竹文雄・関口昌彦・澁谷時幸・上野 大・久保克行 (1990) 人的資産の推計と公的年金の再分配効果—2 人以上の普通世帯分，1984 年—．経済分析 (経済企画庁経済研究所)，**118**, 1–73.
3) 多々納裕一・梶谷義雄・岡田憲夫 (2001) リスクプレミアムの測定方法に関する実証的考察．京都大学防災研究所年報，**45** (B), 11–17.
4) 谷川寧彦 (1994) 消費データを用いた資産価格の実証分析．経済学雑誌 (岡山大学)，**25** (3), 315–32.
5) 羽森茂之 (1996) 消費者行動と日本の資産市場，東洋経済新報社.
6) 吉川卓也 (2002) 最近の中小企業の資金調達の特徴と借入金利格差．研究紀要 (中村学園大学)，**34**, 113–125.
7) 吉川卓也 (2003) 日本における家計の相対的危険回避度の推移:1970 年〜2002 年．経済研究 (成城大学)，**163**, 73–87.
8) Cass, D. and Stiglitz, J. E.(1970) The structure of investor preferences and asset returns, and separability in portfolio allocation: A contribution to the pure theory of mutual funds. *Journal of Economic Theory*, **2**(2), 122–160.
9) Eisenhauer, J. G. and Halek, M.(1999) Prudence, risk aversion, and the demand for life insurance. *Applied Economics Letters*, **6** (4), 239–242.
10) Farber, H. S. (1978) Individual preferences and union wage determination: The case of the united mine workers. *Journal of Political Economy*, **86**(5),923–942.
11) Friedeman, B. (1974) Risk aversion and the consumer choice of health insurance option. *Review of Economics and Statistics*, **56**(2), 209–214.
12) Friend, I. and Blume, M. E.(1975) The demand for risky assets. *American Economic Review*, **65** (5), 900–922.
13) Halek, M. and Eisenhauer, J. G. (2001) Demography of risk aversion. *Journal of Risk and Insurance*, **68** (1), 1–24.
14) Hansen, L. P. and Singleton, K. J. (1982)Generalized instrumental variables estimation of nonlinear rational expectations models. *Econometrica*, **50**(5),1269–1286.
15) Hansen, L. P. and Singleton, K. J. (1983) Stochastic consumption, risk aversion, and the temporal behavior of asset returns. *Journal of Political Economy*, **91**(2), 249–265.
16) Jeleva, M. (2001) Background risk, demand for insurance, and choquet expected

utility preferences. *Geneva Papers-Theory*, **25** (1), 7–28.
17) Meyer, D. J. and Meyer, J. (1998) Changes in background risk and the demand for insurance. *Geneva Papers-Theory*, **23** (1), 29–40.
18) Siegel, F. W. and Hoban, J. P. Jr. (1982) Relative risk aversion revisited. *Review of Economics and Statistics*, **64** (3), 481–487.
19) Szpiro, G. G. (1986) Measuring risk aversion: An alternative approach. *Review of Economics and Statistics*, **68** (1), 156–159.
20) Vercammen, J. (2001) Optimal insurance with nonseparable background risk. *Journal of Risk and Insurance*, **68** (3), 437–447.
21) Weber, W. E. (1970) The effect of interest rates on aggregate consumption. *American Economic Review*, **60**(4), 591–600.
22) Weber, W. E. (1975) Interest rates, inflation, and consumer expenditures. *American Economic Review*, **65**(5), 843–858.

5

株価連動型年金のオプション性

　最低保証付変額年金の1つであるEIA（equity indexed annuities: 株価指数連動型年金）は，支払われる保険金額の参照指数との連動の仕方や，保険料の支払方法の違いによって，様々なエキゾチックオプションの性質を有するため，商品の設計や販売にあたっては保険数理手法に加え，金融工学手法を用いた精緻な分析が必要となる．本章ではEIAの代表的な分類に基づき，それぞれの商品がどのようなオプション性を有するかについて整理した上で，数値計算を用いて商品特性分析を試みる．

5.1　は　じ　め　に

　EIAとは，満期における年金給付額が株価指数などの参照インデックスのリターンに連動する一方で，その給付額に対して一定のフロアーをつけて，最低給付金額を保証するような年金商品である．このような商品は，保険と貯蓄の両方の性質を持った金融商品として，近年，米国をはじめ日本国内でも注目を集めているが，支払われる年金給付額にフロアーを設定することで，オプション性が内在する商品となるため，従来型の保険商品とは異なる分析が必要となる．特に，支払われる年金額の参照指数との連動の仕方や，保険料支払方法の違いによって，様々なエキゾチックオプションの性質を有するため，商品設計や販売後のリスク管理には，保険数理手法に加え，金融工学手法を用いた精緻な分析を行う必要性が生じる．

　このような状況に対応して，実務家や学者の間でも様々な分析が行われている．Streiff and Dibiase (1999) は，米国の商品事例をもとにEIAの保険金支払方法ごとにまとめている．国内でも小守林 (2003) はポイントトゥポイント型に

対する予定利率と追随率に関する分析を実施している．学術分野でも Brennan and Schwartz(1976,1979) が実施したブラック・ショールズ式に基づく分析を始め，Nielsen and Sandmann(1995) による平準払い保険料の分析，Tiong(2000) による様々な EIA 商品に対するエッシャー変換を用いた価格評価など，多様な分析が行われている．しかし，これらの研究の多くは，特定の EIA 商品に関する分析を行ったもので，商品分類とそのオプション性について，明確な形で結び付けて比較分析を行った事例はあまり見られない．

そこで本章では，Streiff and Dibiase (1999) を参考にして EIA を保険金額の運用実績との連動方法や保険料支払方法などによって分類し，それぞれに含まれるオプション性について整理する．その上で，数値計算を用いた商品特性分析として，いくつかの商品に対して，保証利率と参照指数への追随率との間にどのような関係があるかについて分析を試みる．以降，5.2 節ではまず，保険商品を設計する場合の保険料計算手順について確認する．5.3 節では保険金の運用実績への連動方法の違いによって商品を分類し，それぞれにどのようなエキゾチックオプションが内在するかを整理する．5.4 節では保険料支払方法が，一時払いであるか平準払いであるかの違いによって，オプション性がどのように異なるかを紹介する．5.5 節ではフロアーを特約とする場合の商品設計について紹介する．5.6 節では以上の議論を踏まえて，EIA の商品設計の違いにより，予定利率とインデックス追随率にどのような関係があるかについて，数値計算による分析を実施し，5.7 節でまとめを行う．

5.2　保険商品の保険料計算

まず本節では，保険や年金商品の保険料計算における基本的な概念を整理しておこう．保険会社から見て，契約者から受け取る保険料の現在価値を収入現価，将来支払うであろう保険金額の現在価値を支出現価と呼ぶ．

たとえば現時点を $t=0$ として，満期 $T(>0)$，保険金額 θ の保険商品について考える．一時払い保険であれば，支払われる保険料は時点 $t=0$ における一時払い保険料 K_s のみであるから，時点 t における収入現価 $p(t)$ は

$$p(t) = \begin{cases} K_s, & t = 0 \text{ のとき} \\ 0, & t \neq 0 \text{ のとき} \end{cases} \quad (5.1)$$

となる．一方，支出現価 $A(t)$ は死亡保険の場合

$$A(t) = \int_t^T f(s) \cdot \theta \cdot e^{-y(s-t)} ds \quad (5.2)$$

となる．ここで y は保険設計上の割引率で予定利率と呼ばれる．また，$f(t)$ は時点 0 で生存していた人が時点 t で死亡する確率密度関数を表している．生存保険，すなわち満期まで生存した場合のみ保険金が支払われるような保険商品の場合には，支出現価は次のように計算される．

$$A(t) = \left(1 - \int_0^T f(u) du\right) \cdot \theta \cdot e^{-y(T-t)} \quad (5.3)$$

保険数理による保険料計算は「収支相等の原則」に従って計算される．これは保険料が契約時 ($t = 0$) における支出現価と収入現価が等しくなるように決定されるという考え方であり，一時払い死亡保険の場合は (5.1) 式と (5.2) 式より

$$K_s = \int_0^T f(s) \cdot \theta \cdot e^{-ys} ds \quad (5.4)$$

一時払い生存保険の場合には (5.1) 式と (5.3) 式より

$$K_s = \left(1 - \int_0^T f(u) du\right) \cdot \theta \cdot e^{-yT} \quad (5.5)$$

となる．平準払い保険の場合には，各時点の平準払い保険料 K_p の支払は，その時点まで死亡事故が発生していない契約に限られることを考慮して

$$K_p = \frac{K_s}{\sum_{s=0}^{T-1} \left[\left(1 - \int_0^s f(u) du\right) \cdot e^{-ys}\right]} \quad (5.6)$$

と表現される．

5.3 保険金支払方法に含まれるオプション性

本節では，保険金のインデックスへの連動方法の違いによって，EIA 商品にどのようなオプション性が内在することになるかを整理する．Streiff and Dibiase

(1999) によると, EIA の保険金支払方法には, ポイントトゥポイント型, ハイウォーターマーク型, ローウォーターマーク型, リセット型, デジタル型の5種類が存在する. 本節ではこれらに加え, ハイウォーターマーク型の変形であるラダー型, Lee(2003) で紹介されているバリア型について紹介する.

以下では, 一時払いの年金商品 (生存保険) を考え, 一時払い保険料を K_s と表現する.

5.3.1 ポイントトゥポイント型

ポイントトゥポイント型 (図 5.1) では, 支払われる保険金額は, 一時払い保険料 K_s を契約開始時点から満期時点まで参照指数で運用した額, すなわち, 契約期間のインデックス成長率 $S(T)/S(0)$ に, インデックス追随率 α を掛けた金額 $\alpha K_s(S(T)/S(0))$ となる. ただし, この保険金には, 予定利率 y の運用による最低水準

$$g(T) = K_s e^{yT} \tag{5.7}$$

が保証される[*1]. したがって, 時点 T における支払保険金額 $\theta(T)$ は次のように表現される.

$$\theta(T) = \max\left(\alpha K_s \frac{S(T)}{S(0)}, g(T)\right) \tag{5.8}$$

ここで, $c(0,T)$ を次のように定義する.

$$c(0,T) \equiv \tilde{E}_0\left[e^{-rT} \max\left(S(T) - \frac{S(0)}{\alpha}e^{yT}, 0\right)\right] \tag{5.9}$$

すると, 収支相等の原則 (5.5) 式は次のように書き換えられる.

[*1] Hardy(2003) や Tiong(2000) によると, 米国のポイントトゥポイント型商品などでは, 保証金額の水準を設定する際に, 一時払い保険料の全額ではなく, ある一定割合を基準とする場合が多い. この割合を β とすると, 最低保証水準は以下のように表現できる.
$$g(T) = \beta \cdot K_s \cdot e^{yT}$$
米国の商品では, $\beta = 0.9 \sim 0.95$, $y = 0.03$ 程度に設定されているケースが多いが, ここでは簡単化のため (5.7) 式のように $\beta = 1$ とした. また, 追随率についても, Hardy(2003) では, オプション評価で用いられる連続時間表現と整合的に, 以下の形
$$\theta(T) = \max\left[K_s \times \{1 + \alpha \cdot (S(T)/S(0) - 1)\}, g(T)\right]$$
を紹介しているが, ここでは Nielsen and Sandmann(1995) と同様に, (5.8) 式の通りとした.

5.3 保険金支払方法に含まれるオプション性

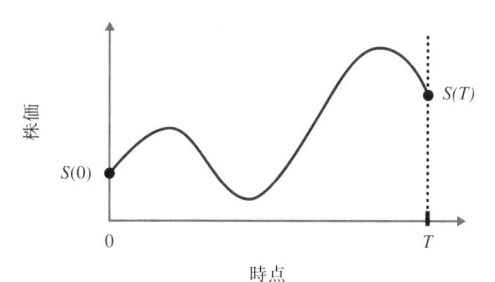

図 5.1 ポイントトゥポイント型

$$1 = \left(1 - \int_0^T f(t)dt\right)\left(\frac{\alpha}{S(0)}c(0,T) + e^{(y-r)T}\right) \quad (5.10)$$

ここで，(5.9) 式は行使価格 $K = (S(0)/\alpha)e^{yT}$ のヨーロピアンコールオプションの価格であり，5.A.1 項のように求めることができる．

(5.10) 式は，もはや保険金額には依存せず，保険料 1 単位あたりについて，予定利率 y と追随率 α が満たすべき関係式を表している．つまり，予定利率を高めると追随率が低下するというトレードオフの関係を，ヨーロピアンコールオプション価格を介して表現した関係式である．以降で示すように，他の EIA 商品についてもポイントトゥポイント型と同様に，それぞれに内在するオプション性を介して，商品特性を表現することが可能である．

5.3.2 ハイウォーターマーク型

ハイウォーターマーク型（図 5.2）では，支払われる保険金額は契約開始時点から契約期間の最大値までのインデックスリターンに連動する．最低保証水準を (5.7) 式の $g(T)$ とすると，満期時点における支払保険金額 $\theta(T)$ は次のように表現される．

$$\theta(T) = \max\left(\alpha K_s \frac{M_{0T}}{S(0)}, g(T)\right) \quad (5.11)$$

ただし，M_{0T} は，時点 $0 \sim T$ までの株価の最大値を表す．

$$M_{0T} \equiv \max_{0 \leq s \leq T} S(s)$$

ここで

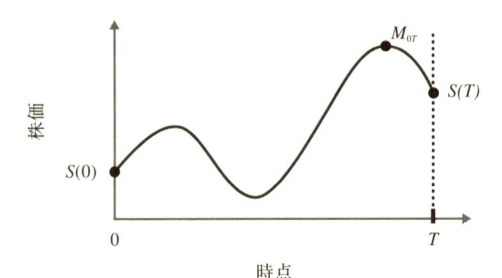

図 5.2 ハイウォーターマーク型

$$c(0,T) \equiv \tilde{E}_0 \left[e^{-rT} \max \left(M_{0T} - \frac{S(0)}{\alpha} e^{yT}, 0 \right) \right] \quad (5.12)$$

とおくと，収支相等の原則 (5.5) 式は次のように書き換えられる．

$$1 = \left(1 - \int_0^T f(t)dt \right) \left(\frac{\alpha}{S(0)} c(0,T) + e^{(y-r)T} \right) \quad (5.13)$$

(5.12) 式は行使価格 $K = (S(0)/\alpha)e^{yT}$ のモディファイドルックバックコールオプションの価格であり，時点 0 における価格は，5.A.2 項の通りである．

5.3.3 ラダー型

ラダー型（図 5.3）は，ハイウォーターマーク型の変形であり，あらかじめ決められた階段状のレベルをインデックスがヒットすれば，その後のインデックス値によらず，そのレベルに対応するリターンが支払われる．ハイウォーターマーク型が，契約期間中の最大値を参照するのに対し，ラダー型ではヒットした最大レベルが参照値となる．

いま，$N+1$ 個のレベル $L_0, L_1, \ldots, L_N$ があるとする．ただし

$$S(0) \equiv L_0 < L_1 < \cdots < L_N \equiv \infty$$

である．満期時点 T においてインデックスが $L_i (i = 0, 1, \ldots, N-1)$ まで到達している，すなわち，$L_i \leq M_{0T} < L_{i+1}$ であるとき，支払われる保険金 $\theta(T)$ は次のように表現される．

$$\theta(T) = \max \left(\alpha K_s \frac{L_i}{S(0)}, \alpha K_s \frac{S(T)}{S(0)}, g(T) \right) \quad (5.14)$$

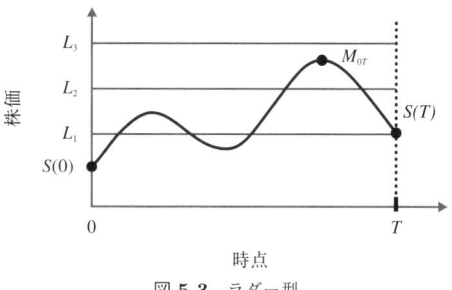

5.3 保険金支払方法に含まれるオプション性　　　　　　　　　　　　　105

図 5.3 ラダー型

ここで

$$c(0,T) \equiv \tilde{E}_0\left[e^{-rT}\max\left(L_i - \frac{S(0)e^{yT}}{\alpha}, S(T) - \frac{S(0)e^{yT}}{\alpha}, 0\right)\right] \quad (5.15)$$

とおくと，(5.5) 式は次のように表現できる．

$$1 = \left(1 - \int_0^T f(t)dt\right)\left(\frac{\alpha}{S(0)}c(0,T) + e^{(y-r)T}\right) \quad (5.16)$$

ここで，(5.15) 式は行使価格 $K = (S(0)/\alpha)e^{yT}$，ラダーレベル $L_i(i=1,2,\ldots,N)$ のラダーオプション（ルックバックオプションの一種）の価格であり，時点 0 における価格は，5.A.3 項の通りである．

5.3.4　ローウォーターマーク型

ローウォーターマーク型（図 5.4）では，支払われる保険金額は契約期間中のインデックスの最小値に連動し，満期時点 T における支払保険金額 $\theta(T)$ は次のように表現される．

$$\theta(T) = \max\left(\alpha K_s \frac{S(T)}{m_{0T}}, g(T)\right) \quad (5.17)$$

ただし，m_{0T} は時点 0 から時点 T までの株価の最小値を表す．

$$m_{0T} \equiv \min_{0 \le s \le T} S(s)$$

ここで

$$c(0,T) \equiv \tilde{E}_0\left[e^{-rT}\max\left(\frac{S(T)}{m_{0T}} - \frac{e^{yT}}{\alpha}, 0\right)\right] \quad (5.18)$$

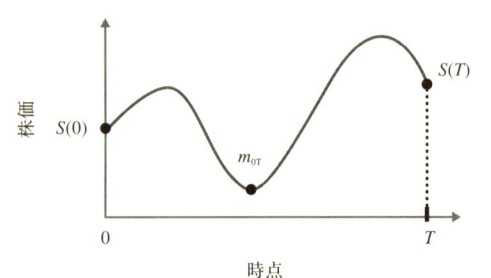

図 5.4 ローウォーターマーク型

すると，(5.5) 式は次のように表現できる．

$$1 = \left(1 - \int_0^T f(t)dt\right)\left(\alpha \cdot c(0,T) + e^{(y-r)T}\right) \tag{5.19}$$

ここで，(5.18) 式は，満期のペイオフが参照指数の最小値に依存するようなルックバックコールオプションの一種に対する価格式であると考えられるが，残念ながらこれを解析的に求めることは容易ではない．

ちなみに，(5.17) 式の代わりに

$$\theta(T) = K_s\left(1 + \alpha\frac{S(T) - m_{0T}}{S(0)}\right) \tag{5.20}$$

とすると，レギュラールックバックコールオプションの価格式 (5.A.5 項) を用いて，他の商品と同様に評価することが可能になる．

5.3.5 リセット型

リセット型（アニュアルリセット型，図 5.5）とは，1 年ごとにインデックスのリターンと保証水準を比較して，累積していく方法である．最低保証利率を y とすると，満期時点における保険金額 $\theta(T)$ は

$$\theta(T) = K_s\left(1 + \sum_{t=1}^{T} R(t)\right) \tag{5.21}$$

となる．ただし，$R(t)$ は各期の収益率で以下のように表現される．

$$R(t) = \max\left(\alpha \cdot \frac{S(t) - S(t-1)}{S(t-1)}, y\right)$$

ここで，$c(0,t,T)$ を次のように定義する．

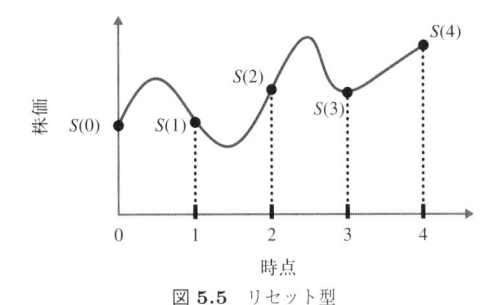

5.3 保険金支払方法に含まれるオプション性

図 5.5 リセット型

$$c(0,t,T) \equiv \tilde{E}_0 \left[e^{-rT} \max\left(\frac{S(T)}{S(t)} - K, 0 \right) \right] \quad (5.22)$$

ただし

$$K \equiv \frac{y(T-t)}{\alpha} + 1$$

である．すると (5.5) 式は次式のように書き換えられる．

$$1 = \left(1 - \int_0^T f(t)dt \right) \left[e^{-rT} + \sum_{s=1}^T \left\{ \alpha \cdot c(0, s-1, s) + y \cdot e^{-rs} \right\} \right] \quad (5.23)$$

(5.22) 式は行使価格 K のフォワードスタートコールオプションの価格であり，5.A.6 項のように求めることができる[*2]．

5.3.6 デジタル型

デジタル型（図 5.6）は，満期までの期間を 1 年ごとに分割してインデックスへの連動率を決定する点はリセット型と同じであるが，各期ごとにインデックス成長率が予定利率を上回った場合には，インデックス成長率とは別に，あらかじめ決められた一定のリターン x が付与される点が異なる．

デジタル型では，満期時点 T における保険金額は次のように表現される．

$$\theta(T) = K_s \left(1 + \sum_{t=1}^T R(t) \right) \quad (5.24)$$

ただし，$R(t)$ は次の通りである．

[*2] フォワードスタートオプションを組み合わせたものをリセットオプションと呼ぶ．

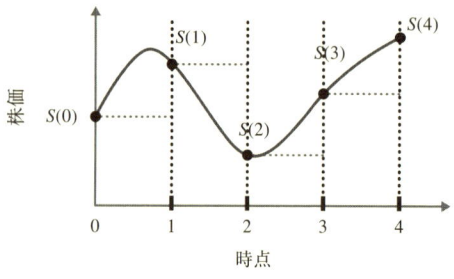

図 5.6 デジタル型

$$R(t) = \begin{cases} x, & \frac{S(t)}{S(t-1)} - 1 > y \text{ のとき} \\ y, & \frac{S(t)}{S(t-1)} - 1 \leq y \text{ のとき} \end{cases}$$

ここで，$c(0, t, T)$ を次のように定義する．

$$c(0, t, T) \equiv \tilde{E}_0 \left[e^{-rT} z(t, T) \right] \tag{5.25}$$

ただし

$$z(t, T) = \begin{cases} A, & \frac{S(T)}{S(t)} > e^{y(T-t)} \text{ のとき} \\ 0, & \frac{S(T)}{S(t)} \leq e^{y(T-t)} \text{ のとき} \end{cases}$$

$$A \equiv e^{x(T-t)} - e^{y(T-t)}$$

(5.25) 式を用いて，収支相等の原則（(5.5) 式）は次のように表現される．

$$1 = \left(1 - \int_0^T f(t)dt\right)\left[e^{-rT} + \sum_{s=1}^{T}\left(c(0, s-1, s) + y \cdot e^{-rs}\right)\right] \tag{5.26}$$

ここで，(5.25) 式は行使価格 $K = e^{y(T-t)}S(t)$ のフォワードデジタルオプションの価格で，5.A.7 項のように評価される．

5.3.7 バリア型

ポイントトゥポイント型商品では保険料が高くなってしまうという実務上の問題点に対して，Lee(2003) ではインデックスがあらかじめ決められたバリア水準に到達した場合に，ポイントトゥポイント型が発生するようなバリア型（図5.7）を提案している．バリア型では，契約期間中にインデックスが決められた

図 **5.7** バリア型

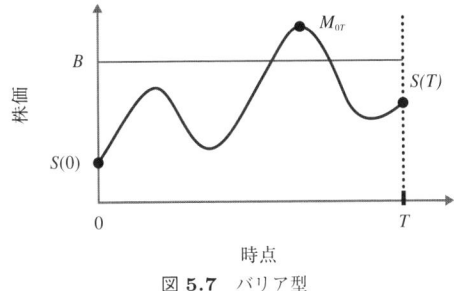

バリア水準をヒットすれば，支払われる保険金額がポイントトゥポイント型に従う．

最低保証水準を $g(T)$，バリアを B とすると，時点 T における支払保険金額 $\theta(T)$ は次のように表現される．

$$\theta(T) = \max\left(\alpha K_s \frac{S(T)}{S(0)} - g(T), 0\right) \cdot 1_{\{M_{0T} \geq B\}} + g(T) \tag{5.27}$$

ただし，$1_{\{M_{0T} \geq B\}}$ は指示関数で，時点 T までの最大値がバリア以上，すなわちバリアをヒットしてるという条件を示している．

ここで，$c(0,T)$ を次のように定義する．

$$c(0,T) = \tilde{E}_0\left[e^{-rT} \max\left(S(T) - \frac{S(0)}{\alpha}e^{yT}, 0\right) \cdot 1_{\{M_{0T} \geq B\}}\right] \tag{5.28}$$

すると，収支相等の原則 (5.5) 式は次式のように表せる．

$$1 = \left(1 - \int_0^T f(t)dt\right)\left[\frac{\alpha}{S(0)}c(0,T) + e^{(y-r)T}\right] \tag{5.29}$$

ここで (5.28) 式は満期 T，行使価格 $K = (S(0)/\alpha)e^{yT}$，バリア水準 B のアップアンドインコールオプションの時点 0 における価格であり，5.A.8 項のように求められる．

5.4 保険料支払方法に含まれるオプション性

5.3 節では一時払い保険の場合について，保険金の支払方法の違いによるオプション性の違いについて整理した．本節では保険料の支払方法が平準払いの場

合について，ポイントトゥポイント型の場合を例にして考える（図 5.8）．

(5.5),(5.6) 式より，平準払いの場合の収支相等の原則は次のように表現される．

$$K_p \sum_{s=0}^{T-1} \left[\left(1 - \int_0^s f(u)du \right) \cdot e^{-ys} \right] = \left(1 - \int_0^T f(u)du \right) \cdot \theta \cdot e^{-yT} \quad (5.30)$$

この場合の保険金額について，Nielsen and Sandmann(1995) と同様に，支払われた平準払い保険料 K_p は支払われた時点から，株式で運用されると考えて，満期時点における支払保険金額を次のように表現する．

$$\theta(T) = \max \left(\alpha K_p \sum_{t=0}^{T-1} \frac{S(T)}{S(t)}, g(T) \right) \quad (5.31)$$

ただし，$g(T)$ は保険金の保証水準で

$$g(T) = K_p \sum_{t=1}^{T} e^{yt} \quad (5.32)$$

ここで，$c(0,T)$ を次のように定義する．

$$c(0,T) \equiv \tilde{E}_0 \left[e^{-rT} \max \left(\left\{ \frac{1}{T} \sum_{t=0}^{T-1} \frac{S(T)}{S(t)} \right\} - \frac{1}{T \cdot \alpha} \sum_{t=1}^{T} e^{yt}, 0 \right) \right] \quad (5.33)$$

すると，収支相等の原則（(5.30) 式）は次のように表現できる．

$$\sum_{s=0}^{T-1} \left[\left(1 - \int_0^s f(u)du \right) \cdot e^{-ys} \right]$$
$$= \left(1 - \int_0^T f(u)du \right) \left[T \cdot \alpha \cdot c(0,T) + e^{-rT} \sum_{t=1}^{T} e^{yt} \right] \quad (5.34)$$

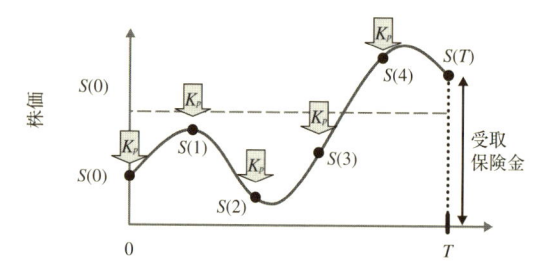

図 5.8 平準払い保険料

ここで，(5.33) 式は満期 T，行使価格 $K = \frac{1}{T \cdot \alpha} \sum_{t=1}^{T} e^{yt}$ の算術平均オプションの時点 0 における価格であるが，解析解が存在しない．この問題を回避するために，Nielsen and Sandmann(1995) は，シミュレーションなどの数値計算によって，保険料を求める方法について提案した．また，小守林 (2003) は (5.33) 式を次のような幾何平均オプションで近似する手法を用いている．

$$c(0,T) \approx c'(0,T) \equiv \tilde{E}_0 \left[e^{-rT} \max \left(\left\{ \prod_{t=0}^{T-1} \frac{S(T)}{S(t)} \right\}^{\frac{1}{T}} - \frac{1}{T \cdot \alpha} \sum_{t=1}^{T} e^{yt}, 0 \right) \right] \tag{5.35}$$

(5.35) 式は，行使価格 $K = \frac{1}{T \cdot \alpha} \sum_{t=1}^{T} e^{yt}$ の幾何平均 (率) オプションの時点 0 における価値であり，5.A.9 項のように表現される．

5.5　フロアー特約方式による保険設計

5.4 節までの表現では，支払われた保険料のすべてが保証の対象となっていたが，本節では保証を特約とした場合の商品設計について考える（図 5.9）．

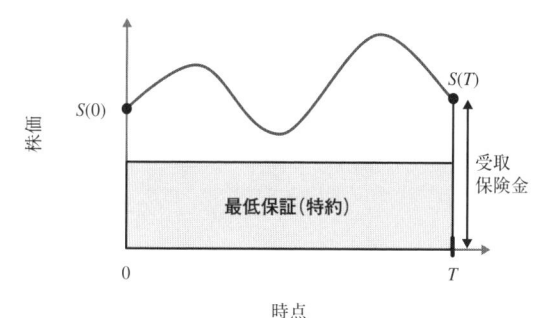

図 5.9　特約方式

まず，保証特約のない場合の変額保険の保険金額は次の通りである．

$$\theta'(T) = \alpha K_s \frac{S(T)}{S(0)} \tag{5.36}$$

この場合の収支相等の原則は

$$K_s = \tilde{E}_0\left[\left(1 - \int_0^T f(t)dt\right)\theta'(T)e^{-rT}\right] \tag{5.37}$$

これに対して，保証水準 $g(T) = K_s \cdot e^{yT}$ を特約で付加する場合の保険金額は

$$\theta(T) = \max\left(\alpha K_s \frac{S(T)}{S(0)}, g(T)\right) \tag{5.38}$$

この場合の特約に対する付加保険料を $k \cdot K_s$ すなわち主契約の k 倍であるとすると，収支相等の原則は次の通りとなる．

$$K_s + k \cdot K_s = \tilde{E}_0\left[\left(1 - \int_0^T f(t)dt\right)\theta(T)e^{-rT}\right] \tag{5.39}$$

(5.37), (5.39) 式より k について解くと

$$k = \frac{\tilde{E}_0\left[\left(1 - \int_0^T f(t)dt\right) \cdot \left(\theta(T) - \theta'(T)\right) \cdot e^{-rT}\right]}{\tilde{E}_0\left[\left(1 - \int_0^T f(t)dt\right)\theta'(T)e^{-rT}\right]} \tag{5.40}$$

ここで，$\theta(T) - \theta'(T)$ は次のように表現できる．

$$\theta(T) - \theta'(T) = \max\left(g(T) - \alpha K_s \frac{S(T)}{S(0)}, 0\right) \tag{5.41}$$

そこで，$p(0, T)$ を次のように定義する．

$$p(0, T) \equiv \tilde{E}_0\left[e^{-rT}\max\left(\frac{S(0)}{\alpha}e^{yT} - S(T), 0\right)\right] \tag{5.42}$$

すると，k は次のように表現できる．

$$k = \left(1 - \int_0^T f(t)dt\right)\frac{\alpha}{S(0)}p(0, T) \tag{5.43}$$

(5.42) 式は満期 T，行使価格 $K = (S(0)/\alpha)e^{yT}$ のヨーロピアンプットオプションの価格である．このように，保証を特約方式とすることで，商品に内在するオプション性は，ヨーロピアンオプションに対するプットコールパリティの性質を介して，プットオプションとなることが確認できる．

5.6 数値計算による商品特性比較

これまで見てきた通り，EIA はその商品性の違いにより，様々なオプション

5.6 数値計算による商品特性比較   113

性を有するが，そのほとんどが代表的なエキゾチックオプションで表現可能である．そこで本節では，いままでに紹介した EIA 商品に対して，数値計算を用いて商品特性の分析を試みる．

5.6.1 ポイントトゥポイント型商品の特性分析

まず，最も基本的な構造を持つポイントトゥポイント型商品について分析してみよう．表 5.1 に示す条件のもとで，(5.10) 式の関係を用いて，予定利率 y とインデックス追随率 α の関係をグラフ化すると，図 5.10 のようになる．

表 5.1　数値計算の前提

無リスク金利	4%
参照指数初期値 $S(0)$	150
参照指数のボラティリティ	20%
保険の満期までの期間	5 年
被保険者の性別	男性
被保険者の年齢	20 歳

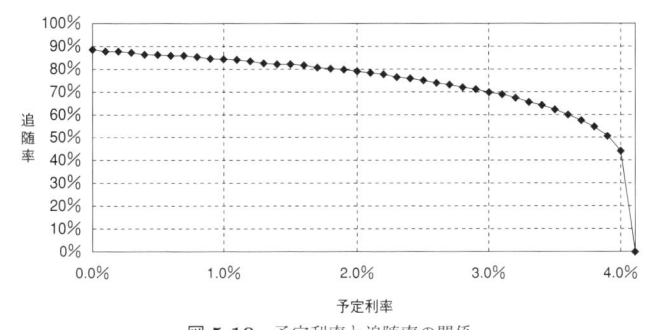

図 5.10　予定利率と追随率の関係

このグラフを見ると，ポイントトゥポイント型商品の予定利率と追随率の関係として，次に示すような特徴を確認することができる．

(1) 予定利率が高くなるにつれて追随率が低下する．これは，予定利率を高く設定すると，その分追随率を下げなければ商品としての採算が合わないことを示している

(2) 予定利率の上限は，短期金利水準であり，それ以上の予定利率を設定するような商品設計はできない．ただし，本分析では生存保険を対象にしていることから，契約期間中の死亡事故には保障がないために，予定利

率を若干上回る水準が上限となっている
(3) 予定利率をゼロ,すなわち,支払われる保険金額の最低保証水準が,元本相当であるような商品の追随率は約90%程度となる

さらに,表5.1の条件に対し,無リスク金利,加入年齢,参照指数のボラティリティ,満期の条件を変えると,予定利率と追随率の関係にどのような違いが見られるかを示したグラフが,図5.11〜5.14である.

これらのグラフを見ると,
(1) 無リスク金利の変化に対応して,予定利率の上限が決定される
(2) 加入年齢が低いと死亡率が低くなるため,参照指数の追随率が悪くなる
(3) 参照指数のボラティリティの増加により,参照指数への追随率は大きく低下する

等といった特性を確認できる.

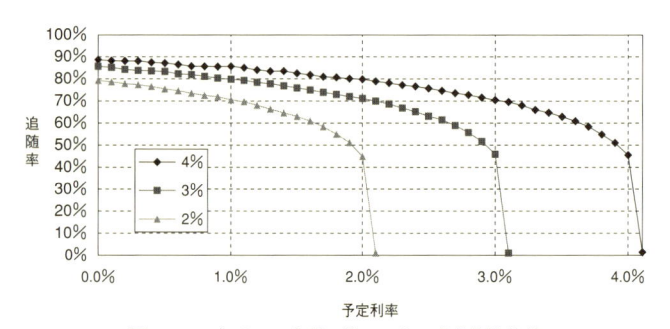

図 5.11 無リスク金利の違いによる商品特性比較

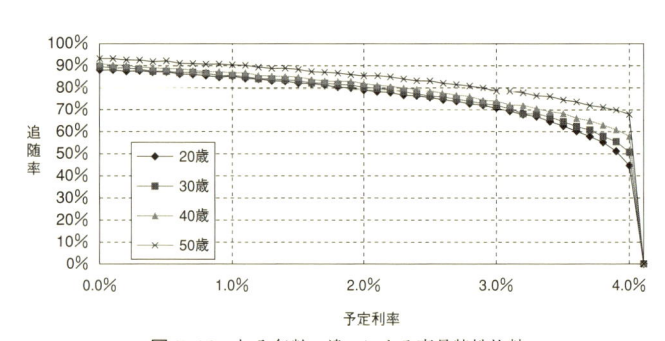

図 5.12 加入年齢の違いによる商品特性比較

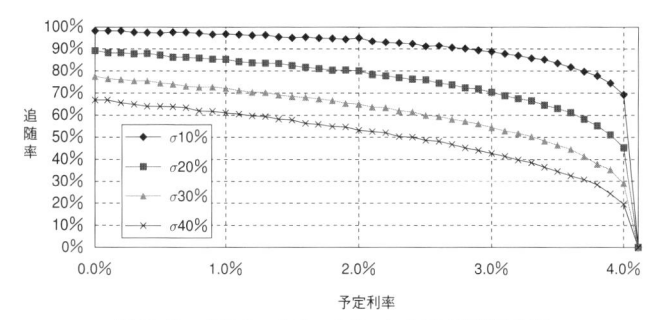

図 5.13　ボラティリティの違いによる商品特性比較

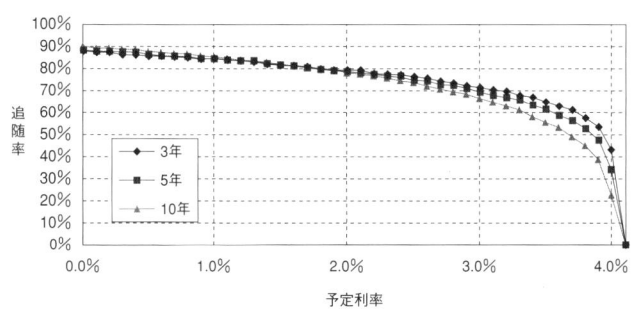

図 5.14　満期の違いによる商品特性比較

5.6.2　保険金支払方法の違いによる商品特性比較

次に，様々な商品ごとに予定利率と追随率の関係を比較してみよう．具体的な商品として，ポイントトゥポイント (PTP) 型，ハイウォーターマーク (HWM) 型，ラダー型，ローウォーターマーク (LWM) 型，リセット型，バリア型を取り上げ分析を行った．この結果を図 5.15 に示す．ただし，この図を作成するための計算において，ローウォーターマーク型では，オプション価格 ((5.18) 式) の解析解を求めるのが困難であるため，シミュレーション法による数値計算を実施して計算を行った．また，ラダー型についてはラダーは 1 つでラダー水準 =300，バリア型についてもバリア水準 =300 として計算を行った．

図 5.15 より，以下のような結果が考察できる．

(1) ハイウォーターマーク型は，保険金がインデックスの最高値に連動するため，一見すると契約者に魅力的な商品であるが，同じ予定利率で比較すると，保険金額が高値に連動している分，ポイントトゥポイント型よ

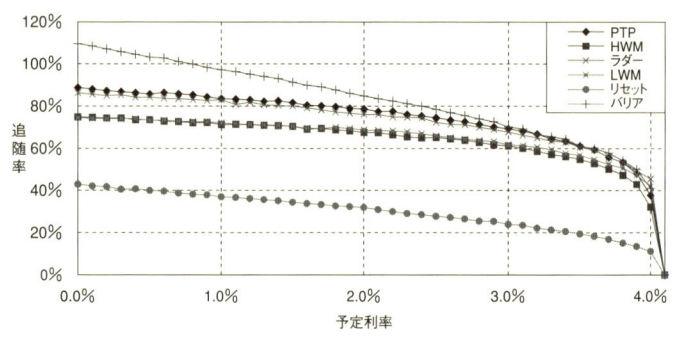

図 5.15　各商品の予定利率と追随率の関係

り追随率が低くなる

(2) ローウォーターマーク型は，ほぼハイウォーターマーク型に近い商品特性を持っていると考えられる

(3) リセット型は，保険金が契約期間中の1年ごとのインデックス成長率の累積値に連動する商品であり，たとえば契約開始時から満期までの間にインデックス値が上昇した後下落するような動きを示した場合は，ハイウォーターマーク型より契約者にとって有利な商品となる．このため，追随率がハイウォーターマーク型より低くなっている

(4) バリア型は，ある水準にインデックスが到達してはじめてポイントトゥポイント型の商品性が実現するため，ポイントトゥポイント型より割安な商品であり，そのため追随率が高くなる

(5) ラダー型は，契約者にとってポイントトゥポイント型より有利な商品である反面，ハイウォーターマーク型より不利な商品性を持つため，グラフの位置は，ポイントトゥポイント型とハイウォーターマーク型の間となる

このように，EIA 商品に内在する性質をエキゾチックオプションで表現し，保険数理と金融工学手法を活用して定量的な評価を行うことで，予定利率と追随率に関するトレードオフ関係を明確にするなど，より精緻な商品設計が可能になる．

5.7 お わ り に

本章では，株価指数連動型年金の分析を実施した．まず，支払われる年金額の参照指数に対する連動性の違いや，保険料の支払い方に応じて分類し，各商品に含まれるオプション性を整理した．さらに，収支相等の原則を用いて商品別に定式化を実施した．また，数値計算では，トレードオフの関係にある追随率と予定利率の関係を商品ごとに明らかにし，各商品の特徴の違いを反映した結果を得ることができた．

株価指数連動型年金は，保険金が将来の株価指数に依存するなど不確実性を伴う保険商品であり，伝統的な保険数理によるアプローチに加えて，派生商品の価格付け理論などの金融工学手法を用いた評価・分析が必須となる．本章ではこのような商品の分析事例を具体的に示すとともに，数値計算を通じて商品に含まれる性質を明らかにすることができた．このような分析手法は，今後の新たなる保険商品開発の可能性のみならず，保険数理と金融工学手法の融合が，金融・保険業界にもたらす様々なビジネスチャンスの可能性を示唆するものである．今後，さらに同様な研究が盛んに行われることで，実務界の発展に寄与していくことが期待される．

5.A 付録：様々なオプションの価格

5.A.1 ヨーロピアンオプション

- 満期 T, 行使価格 K のヨーロピアンコールオプション価格

$$c(0,T) = S(0)N(d_1) - Ke^{-rT}N(d_2) \tag{5.44}$$

- 満期 T, 行使価格 K のヨーロピアンプットオプション価格

$$p(0,T) = Ke^{-rT}N(-d_2) - S(0)N(-d_1) \tag{5.45}$$

ただし

$$d_1 = \frac{\ln(S(0)/K) + (r + \sigma^2/2)T}{\sigma\sqrt{T}}, \quad d_2 = d_1 - \sigma\sqrt{T}$$

5.A.2 モディファイドルックバックコールオプション

満期 T, 行使価格 K のモディファイドルックバックコールオプションの時点 0 における価格 $c(0,T)$ は次のように求められる.

- $K \geq S(0)$ のとき

$$c(0,T) = S(0)N\left(d_1 + \sigma\sqrt{T}\right) - Ke^{-rT}N(d_1)$$
$$+ \frac{S(0)\sigma^2}{2r}\left[N\left(d_1 + \sigma\sqrt{T}\right) - e^{-rT}\left(\frac{K}{S(0)}\right)^{\frac{2r}{\sigma^2}}N(-d_2)\right] \quad (5.46)$$

ただし

$$d_1 = \frac{\ln(S(0)/K) + (r - \sigma^2/2)T}{\sigma\sqrt{T}}$$
$$d_2 = \frac{\ln(K/S(0)) + (r - \sigma^2/2)T}{\sigma\sqrt{T}}$$

- $K < S(0)$ のとき

$$c(0,T) = S(0)N\left(d_3 + \sigma\sqrt{T}\right) + S(0)e^{-rT}N(-d_3) - Ke^{-rT}$$
$$+ \frac{S(0)\sigma^2}{2r}\left[N\left(d_3 + \sigma\sqrt{T}\right) - e^{-rT}N(-d_3)\right] \quad (5.47)$$

ただし

$$d_3 = \frac{(r - \sigma^2/2)T}{\sigma\sqrt{T}}$$

5.A.3 ラダーオプション

満期 T, 行使価格 $K = L_0$, ラダーレベル $L_i(i=1,2,\ldots,N)$ のラダーオプション価格 $c(0,T)$ は, 以下の通りである.

$$c(0,T) = P_1 + \sum_{i=1}^{N}\{-P_{2,i} + P_{3,i} + P_{4,i} - P_{5,i}\} \quad (5.48)$$

P_1: 満期 T, 行使価格 K のヨーロピアンコールオプション
$P_{2,i}$: 満期 T, 行使価格 L_{i-1} のヨーロピアンプットオプション
$P_{3,i}$: 満期 T, 行使価格 L_i のヨーロピアンプットオプション
$P_{4,i}$: 満期 T, 行使価格 L_{i-1}, バリア L_i のアップアンドアウトプットオプション
$P_{5,i}$: 満期 T, 行使価格 L_i, バリア L_i のアップアンドアウトプットオプション

5.A.4 アップアンドアウトプットオプション

満期 T, 行使価格 K, バリア B のアップアンドアウトプットオプションの時点 0 における価格 $p(0,T)$ は,以下の通りである.

- $K < B$ のとき

$$
\begin{aligned}
p(0,T) =& -S(0) \cdot N\left(-d_1 - \sigma\sqrt{T}\right) + Ke^{-rT}N(-d_1) \\
& - \left(\frac{B}{S(0)}\right)^{\frac{2r}{\sigma^2}-1}\left[-B^2/S(0) \cdot N\left(-d_2 - \sigma\sqrt{T}\right) + Ke^{-rT}N(-d_2)\right]
\end{aligned}
\tag{5.49}
$$

ただし

$$
\begin{aligned}
d_1 &= \frac{\ln(S(0)/K) + (r - \sigma^2/2)T}{\sigma\sqrt{T}} \\
d_2 &= \frac{\ln\left(B^2/(K \cdot S(0))\right) + (r - \sigma^2/2)T}{\sigma\sqrt{T}}
\end{aligned}
$$

- $B \leq K$ のとき

$$
\begin{aligned}
p(0,T) =& -S(0) \cdot N\left(-d_3 - \sigma\sqrt{T}\right) + Ke^{-rT}N(-d_3) \\
& - \left(\frac{B}{S(0)}\right)^{\frac{2r}{\sigma^2}-1}\left[-B^2/S(0) \cdot N\left(-d_4 - \sigma\sqrt{T}\right) + Ke^{-rT}N(-d_4)\right]
\end{aligned}
\tag{5.50}
$$

ただし

$$d_3 = \frac{\ln(S(0)/B) + (r - \sigma^2/2)T}{\sigma\sqrt{T}}$$

$$d_4 = \frac{\ln(B/S(0)) + (r - \sigma^2/2)T}{\sigma\sqrt{T}}$$

5.A.5 レギュラールックバックコールオプション

満期 T, 行使価格 m_{0t} のレギュラールックバックコールオプションの時点 0 における価格 $c(0,T)$ は次の通りである.

$$\begin{aligned}c(0,T) = &S(0)N\left(d + \sigma\sqrt{T}\right) - S(0)e^{-rT}N(d) \\ &- \frac{\sigma^2}{2r}S(0)\left[N\left(-d - \sigma\sqrt{T}\right) - e^{-rT}N(d)\right]\end{aligned} \quad (5.51)$$

ただし

$$d = \frac{(r - \sigma^2/2)T}{\sigma\sqrt{T}}$$

5.A.6 フォワードスタートコールオプション

満期 T, 行使価格 K で満期時点のペイオフが時点 t と時点 T の原資産価格の比率を用いて $\max(S(T)/S(t) - K, 0)$ となるようなフォワードスタートコールオプションの時点 0 における価格 $c(0,t,T)$ は, 次のように求められる.

$$c(0,t,T) = e^{-rt}N(d + \sigma\sqrt{T-t}) - Ke^{-rT}N(d) \quad (5.52)$$

ただし

$$d = \frac{-\ln K + (r - \sigma^2/2)(T-t)}{\sigma\sqrt{T-t}}$$

5.A.7 フォワードデジタルオプション

満期 T, 行使価格 $K = \kappa S(t)$, ペイオフ A のフォワードデジタルオプション, すなわち満期時点 T において

$$\Pi(T) = \begin{cases} A, & S(T) \geq \kappa S(t) \text{ のとき} \\ 0, & S(T) < \kappa S(t) \text{ のとき} \end{cases}$$

のようなペイオフが得られるオプションの時点 0 における価格 $c(0,t,T)$ は次式で与えられる．

$$c(0,t,T) = A \cdot e^{-rT} N(d) \tag{5.53}$$

ただし

$$d = \frac{-\ln \kappa + (r - \sigma^2/2)(T-t)}{\sigma \sqrt{T-t}}$$

5.A.8 アップアンドインコールオプション

満期 T，行使価格 K，バリア水準 B のアップアンドインコールオプションの時点 0 における価格 $c(0,T)$ は次式で与えられる．

$$\begin{aligned}
c(0,T) =\ & S(0)N\left(d_1 + \sigma\sqrt{T}\right) - Ke^{-rT}N(d_1) \\
& + \left(\frac{B}{S(0)}\right)^{\frac{2r}{\sigma^2}-1} \left[\frac{B^2}{S(0)}\left\{N\left(d_2 + \sigma\sqrt{T}\right) - N\left(d_3 + \sigma\sqrt{T}\right)\right\}\right. \\
& \left. - Ke^{-rT}\left\{N(d_2) - N(d_3)\right\}\right]
\end{aligned} \tag{5.54}$$

ただし

$$d_1 = \frac{\ln\left(S(0)/B\right) + (r - \sigma^2/2)T}{\sigma\sqrt{T}}$$

$$d_2 = \frac{\ln\left(B^2/(K \cdot S(0))\right) + (r - \sigma^2/2)T}{\sigma\sqrt{T}}$$

$$d_3 = \frac{\ln\left(B/S(0)\right) + (r - \sigma^2/2)T}{\sigma\sqrt{T}}$$

5.A.9 幾何平均 (率) オプション

満期時点 T において

$$\Pi(T) = \max\left[\left(\prod_{t=0}^{T-1} \frac{S(T)}{S(t)}\right)^{\frac{1}{T}} - K, 0\right]$$

のペイオフが得られる幾何平均オプションの時点 0 における価格 $c(0,T)$ は次式で与えられる.

$$c(0,T) = e^{-rT}\left[\exp\left(m_x + \frac{1}{2}\sigma_x^2\right)N(d) + K\cdot N(\sigma_x - d)\right] \qquad (5.55)$$

ただし

$$d = \frac{-\ln K + m_x + \sigma_x^2}{\sigma_x}$$

$$m_x = \left(r - \frac{\sigma^2}{2}\right)\sum_{t=1}^{T}\frac{t}{T}$$

$$\sigma_x^2 = \sigma^2\sum_{t=1}^{T}\frac{t^2}{T^2}$$

〔小守林克哉・工藤康祐〕

文　　献

1) 小守林克哉 (2003) 株価連動型保険の商品設計と運用戦略. 資産運用の最先端理論（笹井 均・浅野幸弘編），日本経済新聞社.
2) Brennan, M.J. and Schwartz, E. (1976) The pricing of equity-linked life insurance policies with an asset value guarantee. *Journal of Financial Economics*, **3**, 1–18.
3) Brennan, M.J. and Schwartz, E. (1979) Alternative investment strategies for the issuers of equity-linked life insurance policies with an asset value guarantee. *Journal of Business*, **52**, 63–93.
4) Hardy, M. (2003) *Investment Guarantees: Modeling and Risk Management for Equity-Linked Life Insurance*, John Wiley & Sons.
5) Lee, H. (2003) Pricing equity-indexed annuities with path-dependent options. *Insurance:Mathematics and Economics*, **33**, 677–690.
6) Nielsen, J. and Sandmann, K. (1995) Equity-linked life insurance: A model with stochastic interest rates. *Insurance:Mathematics and Economics*, **16**, 225–253.
7) Streiff, T.F. and Dibiase, C.A. (1999) *Equity Indexed Annuities*, Dearborn Financial.
8) Tiong, S. (2000) Valuing equity-indexed annuities. *North American Actuarial Journal*, **4**, 149–170.

6

将来生命表の構築

6.1 は じ め に

　近年の高年齢者人口の増加傾向は，わが国だけでなく世界的に観測されている現象である．国連人口局 (United Nations Population Division) の報告によれば，2001〜2050 年へかけての世界総人口の増加が 1.5 倍にとどまるのに対して，80 歳以上の人口は 8 倍に増加すると推計される．わが国における高齢化はより急激である．国立社会保障・人口問題研究所 (2002) の推計によれば，総人口が 2001 年の 1.27 億人から 2050 年の 1.01 億人へと減少する中で，65 歳以上の割合は 18%から 33%に増加すると予想されている．そのような高年齢者層の人口増加の背後には，一方で出生率の減少があり，他方で死亡率の低下がある．しかし，最近の年金財政問題を考えるとき，死亡率の低下の影響の方がより緊急な課題であろう．将来死亡率の不確定性は，年金計算におけるいわゆる「長生きリスク (longevity risk)」を引き起こす．そのような動きを背景にして，アクチュアリアルサイエンスにおいて，死亡率の暦年変化を記述する動態的なモデル化の試みが急である[*1)]．現在最も広く利用されている将来死亡率予測モデルは，Lee and Carter(1992) による，いわゆる Lee–Carter 法である．しかし，この手法に対する統計的な観点からの考察は十分になされていないように思われる．本章では，双線形回帰モデルとして Lee–Carter 法を捉え直し，わが国死亡率データへの適用を通して，その意義と限界を探る．

[*1)] たとえば，Buettner(2002), Pitacco(2004) を参照されたい．

6.2 生命表の基本

将来の死亡率を予測するということは,将来の生命表を構築するということに他ならない.本節では,生命表を理解するために必要な基礎知識を要約する.

6.2.1 理論的な生命表

理論的には,「生命表は同時出生集団(出生コーホート)が出生時から,そのコーホートの全員が死亡しつくすまでの死亡の逐齢的発生過程ならびにその結果としての逐齢的減少を示したものである」(山口ら,1995)と定義される.このコーホートの寿命時間を表す確率変数を X とするとき,x 歳以上生存する確率は

$$l_x \equiv l_0 \Pr(X \geq x), \quad (x \geq 0)$$

と定義される.l_0 は出生時の生存確率であり,当然 1 であるが,生命表では,100000 という値で表記するのが通常である.この値を基数という.基数を用いると,l_x は出生時の大きさが 10 万人のコーホートの年齢 x における生存数と解釈できる.以下では,場合によっては,l_x を生存数と呼ぶ.

6.2.2 死　亡　率

x を $0, 1, 2$ と離散的に変化させたときの,コーホートの生存確率の各年ごとの変化率は

$$q_x \equiv \frac{l_x - l_{x+1}}{l_x}, \quad (x = 0, 1, 2, \ldots)$$

である.ここで,分子の $l_x - l_{x+1}$ は x 歳に到達した人が 1 年以内に死亡する人数を表す.q_x は

$$q_x = \frac{\Pr(x \leq X < x+1)}{\Pr(X \geq x)}, \quad (x = 0, 1, 2, \ldots)$$

と変形できるから,x 歳に到達した人が 1 年以内に死亡する確率である.生命表は,$x = 0, 1, 2, \ldots$ に対する q_x の値を掲げる表に他ならない.

表 6.1 死亡率の行列

$q_0(0)$	·	·	$q_0(t)$	·
·	$q_1(1)$	·	$q_1(t)$	·
		⋱	⋮	
$q_x(0)$	$q_x(1)$	⋯	$q_x(t)$	⋯
	·	·	⋮	⋱

6.2.3 動態的なモデリング

通常の生命表は，暦年には依存しない静態的な集団を想定している．しかし，近年の死亡率の低下を分析するためには，そのような静態的な生命表では不十分であり，暦年効果を明示的に含んだ動態的なモデルを考察する必要がある (Pitacco, 2004)．動態的なモデリングでは，生存確率や死亡率は暦年 t に対しても定義され，$l_x(t)$, $q_x(t)$ などと表記される．したがって，死亡率は，年齢 x と暦年 t の関数として表 6.1 の行列のように与えられる．

6.2.2 項で述べた理論的死亡率 q_x は，暦年 t 年に生まれたコーホートに対して

$$\{q_0(t),\ q_1(t+1),\ \ldots,\ q_\omega(t+\omega)\}$$

に対応する．ここで，ω は生命表における年齢の最大値である．暦年 t 年における死亡表は縦方向の系列

$$\{q_0(t),\ q_1(t),\ \ldots,\ q_\omega(t)\}$$

に対応する．最後に，横方向の系列

$$\{q_x(t),\ q_x(t+1),\ \ldots,\ q_x(t+w)\}$$

が動態的な動きを表す．

6.3 わが国における死亡率低下の推移

国民生命表に基づいて，わが国の死亡率傾向の 1989〜2003 年までの過去 15 年間の動向を見ておこう．

図 **6.1**　死亡数の比較

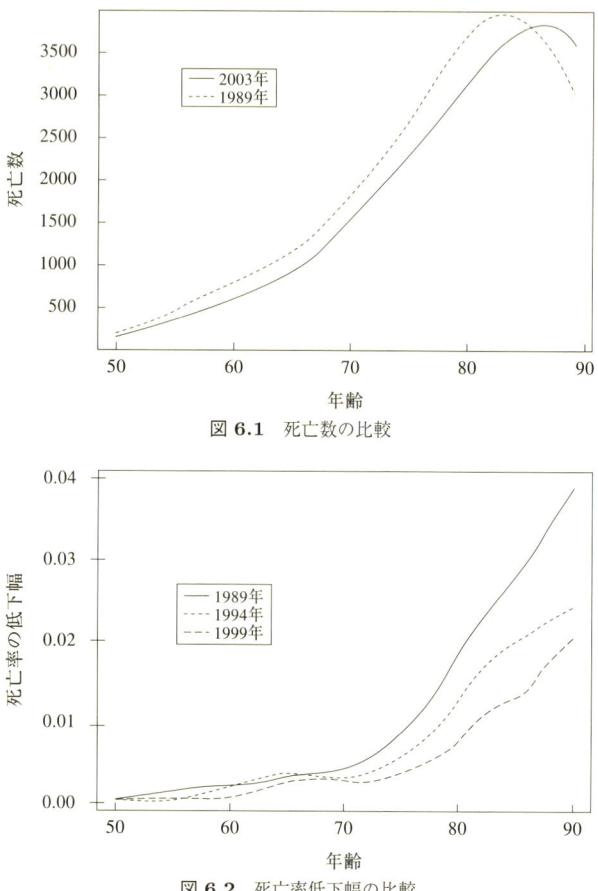

図 **6.2**　死亡率低下幅の比較

6.3.1　寿命分布の暦年変化

国民生命表は表 6.1 でいえば，縦方向の死亡率を与える．したがって，たとえば 2003 年の簡易生命表における平均余命などの指標は，死亡確率が 2003 年のまま今後変化しないという条件のもとで計算されていることに注意されたい．図 6.1 は 1989 年と 2003 年における 50 歳以上の人の死亡数 $l_x - l_{x+1}$ ($x \geq 50$) を比較している．死亡数の分布が全体に右側へシフトするという，いわゆる "expansion" の特徴が見てとれる．図 6.2 は $t = 1989, 1994, 1999$ の各年から 2003 年にかけての死亡率の低下幅 $q_x(t) - q_x(2003)$ ($x \geq 50$) を比較している．"expansion" に対応する死亡率の低下が確認できよう．

図 6.3 寿命中位数の変化

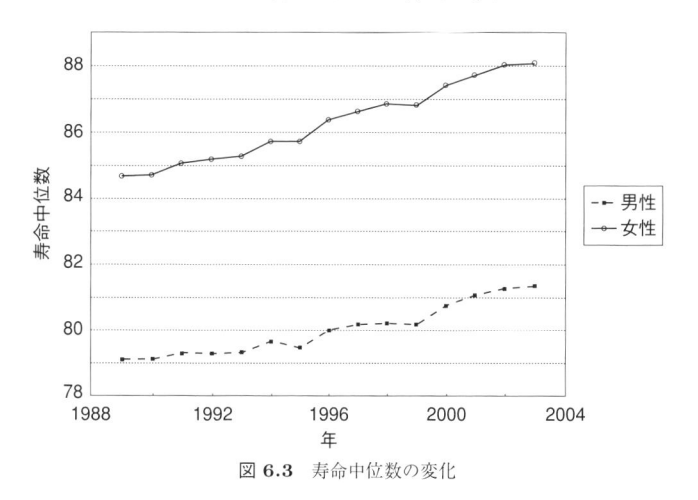

6.3.2 寿命分布の中心とばらつきの暦年変化

生命表は，寿命時間 X の分布を 1 年刻みで表した統計分布表と見ることができる．この寿命分布の中心は中位数によって判断できる．寿命中位数とは，生存率が 50% に達した年齢，すなわち，$l_x = 0.5$ となる最小の x の値である．図 6.3 は，1989～2003 年にかけての寿命中位数の推移を表している．男性・女性ともに寿命分布の中心がほぼ一貫して上昇していることがわかる．

寿命分布のばらつきは，四分位偏差によって判断できる．寿命四分位偏差とは，生存率が 25% に達した年齢と 75% に達した年齢の差をいう．図 6.4 は，1989～2003 年にかけての寿命四分位偏差の推移を表している．寿命中位数の動きと比べ，男性・女性ともに寿命分布のばらつきはほとんど変化していないことがわかる．

6.3.3 長生きリスク

以上で見たように，過去 15 年間の死亡率は低下傾向であった．しかし，そのような過去の傾向が今後も続くかどうかは必ずしも明らかではない．将来の死亡率傾向が確定的には予想できないときに，いわゆる「長生きリスク (longevity risk)」が生じる．長生きリスクとは，死亡率が低下するという事実そのものを

図 **6.4** 寿命四分位偏差の変化

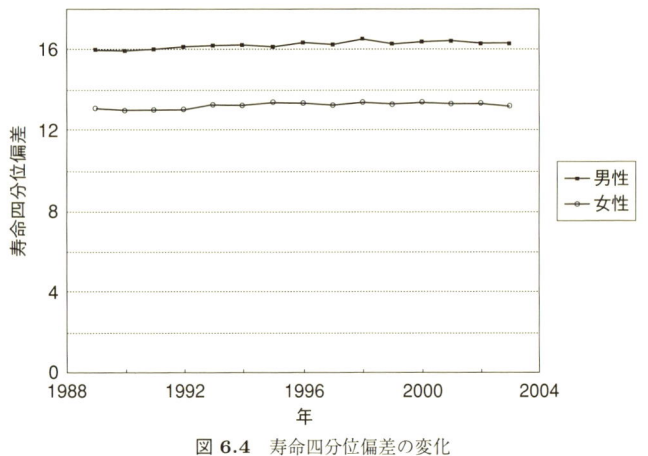

指すのではなく,将来の死亡率傾向のシナリオを見誤ることに起因するリスクのことであることに注意されたい.長生きリスクが年金に与える影響については,Olivieri(2001) を参照されたい.

6.4 統計モデリング

死亡率データ

死亡率のモデリングを行う場合の基礎データは各年齢の人口と死亡数である. t 年において死亡時の年齢が x 歳である死亡数を D_{xt}, 対応するエクスポージャーを E_{xt} とする.E_{xt} は,実際には t 年における年中央日(7月1日)の x 歳人口を用いることが多い[*2)].E_{xt} に対する D_{xt} の比率

$$m_{xt} \equiv \frac{D_{xt}}{E_{xt}}$$

を粗死亡率と呼ぶ.ただし, m_{xt} に対応する理論的な死亡率は, q_x ではなく,いわゆる中央死亡率

$$\frac{l_x - l_{x+1}}{\int_0^1 l_{x+h} dh}$$

であることに注意されたい.

[*2)] ただし,国民生命表では 10 月 1 日の人口を用いる.

6.5 Lee–Carter 法

6.5.1 モデル

Lee and Carter(1992) は，パラメトリックな死亡法則によらないノンパラメトリックな新たな死亡率予測法を提案した．この Lee–Carter(LC) 法では，粗死亡率データ $\{m_{xt}(x=0,1,\ldots,\omega; t=1,2,\ldots,T)\}$ を

$$\log m_{xt} = \alpha_x + \beta_x \kappa_t + \varepsilon_{xt} \tag{6.1}$$

とモデル化する．ここで，α_x, β_x, κ_t がパラメータである．識別可能とするために，パラメータ間に

$$\sum_{x=0}^{\omega} \beta_x = 1, \quad \sum_{t=1}^{T} \kappa_t = 0 \tag{6.2}$$

という制約を課する．各パラメータは次のような解釈を持つ．

α_x：暦年によって変化しない x 歳の対数死亡率

κ_t：暦年による変化を表す時間トレンド

β_x：暦年変化 κ_t に対する年齢 x の対数死亡率の変化の程度

6.5.2 推　　定

LC 法では，通常の最小 2 乗法によってパラメータを推定する．すなわち，パラメータは (6.2) 式という制約のもとで

$$\sum_{x=0}^{\omega}\sum_{t=1}^{T}(\log m_{xt} - \alpha_x - \beta_x \kappa_t)^2 \tag{6.3}$$

を最小化することによって得られる．(6.3) 式を α_x に関して微分すれば，すぐに

$$\hat{\alpha}_x = \frac{1}{T}\sum_{t=1}^{T}\log m_{x,t}$$

という α_x の最小 2 乗推定値を得る．したがって

$$z_{xt} \equiv \log m_{xt} - \hat{\alpha}_x$$

とおくとき，推定問題は，(6.2) 式のもとで

$$\sum_{x=0}^{\omega}\sum_{t=1}^{T}(z_{xt} - \beta_x \kappa_t)^2 \qquad (6.4)$$

を最小化する問題に帰着する．Z を (x,t) 要素が z_{xt} である $(\omega+1) \times T$ 行列とする．r を Z の階数とするとき，Z の特異値分解は

$$z_{xt} = \sum_{i=1}^{r} s_i \boldsymbol{u}'_{ix} \boldsymbol{v}_{it}$$

である．ここで

$$s_1 \geq s_2 \geq \cdots \geq s_r > 0$$

は，特異値であり，$\boldsymbol{u}_{ix}$ は対応する左特異ベクトル，$\boldsymbol{v}_{it}$ は右特異ベクトルである．以上から，(6.4) 式の最小化問題の解は

$$\hat{\beta}_x \hat{\kappa}_t = \boldsymbol{u}'_{1x} \boldsymbol{v}_{1t}$$

で与えられる．ただし

$$\sum_x \hat{\beta}_x = 1, \quad \sum_t \hat{\kappa}_t = 0$$

とする．言い換えれば，LC 法とは，$\log m_{xt}$ を

$$\log m_{xt} = \hat{\alpha}_{xt} + \hat{\beta}_x \hat{\kappa}_t + \hat{\varepsilon}_{xt}$$

と分解するモデルである．ただし

$$\hat{\varepsilon}_{xt} \equiv \sum_{i=2}^{r} s_i \boldsymbol{u}'_{ix} \boldsymbol{v}_{it}$$

は残差を表す．

しばしば推定後に各 t に対して，定義式

$$\sum_x D_{xt} = \sum_x E_{xt} \exp\left(\hat{\alpha}_x + \hat{\beta}_x \hat{\kappa}_t\right) \qquad (6.5)$$

を満たすように，κ_t を修正する．

6.5.3 予　　測

以上の手続きから得た $\{\kappa_t\}$ の推定量を $\{\hat{\kappa}_t\}$ とする．LC 法では，$\{\hat{\kappa}_t\}$ を時系列データとみなして，ARIMA モデルを当てはめる．その予測値を $\{\dot{\kappa}_{T+s}(s=1,2,3,\ldots)\}$ とするとき，将来の粗死亡率の予測値は

$$\dot{m}_{x,T+s} \equiv \exp\left\{\hat{\alpha}_x + \hat{\beta}_x \dot{\kappa}_{T+s}\right\} = \hat{m}_{xT} \exp\left\{\hat{\beta}_x\left(\dot{\kappa}_{T+s} - \hat{\kappa}_T\right)\right\}$$

と与えられる．この方法では，予測に偏りが生じることが知られているが，通常は修正しないようである．予測区間は

$$\left[\exp\left\{\hat{\alpha}_x + \hat{\beta}_x(\dot{\kappa}_{T+s} - 2\hat{\sigma}_s)\right\}, \quad \exp\left\{\hat{\alpha}_x + \hat{\beta}_x(\dot{\kappa}_{T+s} + 2\hat{\sigma}_s)\right\}\right]$$

と与えられる．ここで，$\hat{\sigma}_s^2$ は s 期間予測誤差分散の推定値である．

6.6　双線形回帰モデル

6.6.1　LC 法 の 拡 張

LC 法は，主成分分析における第 1 因子を抽出する手法と考えられる．第 2 因子以降を追加しても全く同様に考えられる．最初の p 個 $(p<r)$ の因子を用いれば，LC モデルは，p 因子モデル

$$\log m_{xt} = \alpha_{xt} + \sum_{i=1}^{p} \beta_x^{(i)} \kappa_t^{(i)} + \varepsilon_{xt}$$

へと拡張できる．ここで，ε_{xt} は誤差項とする．このモデルは，パラメータに関して線形ではく，双線形であることに注意されたい．このため，識別性条件

$$\sum_x \beta_x^{(i)} = 1, \quad \sum_t \kappa_t^{(i)} = 0, \quad (i=1,2,\ldots,p)$$

を満たすものとする．p 因子モデルの場合も，最小 2 乗法を用いてパラメータを推定する．これは，誤差項 ε_{xt} が平均 0，分散 σ^2 の正規分布に従う場合に，最尤法に一致する．言い換えれば，通常の LC アプローチは，統計的には粗死亡率の対数値が正規分布する正規双線形回帰モデル

$$\log m_{xt} \sim N\left(\alpha_x + \sum_{i=1}^{p} \beta_x^{(i)} \kappa_t^{(i)}, \sigma^2\right)$$

に対応する.これを正規 LC モデルと呼ぶ.

誤差項 ε_{xt} に様々な統計モデルを考えることによって,LC 法を拡張できる.正規 LC モデルでは,各死亡率の分散は均一であると仮定されている.しかし,各死亡率の分散はエクスポージャー E_{xt} の大きさに応じて小さくなる.この場合,分散不均一性を考慮した不均一分散双線形回帰モデル

$$\log m_{xt} \sim N\left(\alpha_x + \sum_{i=1}^{p} \beta_x^{(i)} \kappa_t^{(i)}, \sigma_{xt}^2\right), \quad (\sigma_{xt}^2 \equiv \sigma^2/E_{xt})$$

の方が適切かもしれない.この場合の最尤推定量は,加重 2 乗和

$$\sum_{x=1}^{\omega} \sum_{t=1}^{T} E_{xt} \left(\log m_{xt} - \alpha_x - \sum_{i=1}^{r} \beta_x^{(i)} \kappa_t^{(i)}\right)^2$$

を最小化することによって得られる.

Brouhns, Denuit and Vermunt(2002) は,$D_{xt} = E_{xt} m_{xt}$ をポアソン分布に従うと仮定してポアソン双線形回帰モデル

$$D_{xt} \sim \text{平均が} \exp\left\{\alpha_x + \sum_{i=1}^{p} \beta_x^{(i)} \kappa_t^{(i)}\right\} \text{のポアソン分布}$$

を提案している.$\boldsymbol{\theta}$ によってすべてのパラメータを表すとき,ポアソン LC モデルの対数尤度は

$$L(\boldsymbol{\theta}) = \sum_{x,t} \left[D_{xt}\left(\alpha_x + \sum_{i=1}^{p} \beta_x^{(i)} \kappa_t^{(i)}\right) - E_{xt} \exp\left\{\alpha_x + \sum_{i=1}^{p} \beta_x^{(i)} \kappa_t^{(i)}\right\}\right] + \text{定数}$$

と表せる.最尤推定量は,尤度の導関数

$$\frac{\partial}{\partial \boldsymbol{\theta}} L(\boldsymbol{\theta}) = 0 \tag{6.6}$$

の根によって与えられる.特に

$$\sum_{x,t} D_{xt} = \sum_{x,t} E_{xt} \exp\left\{\hat{\alpha}_x + \sum_{i=1}^{p} \hat{\beta}_x^{(i)} \hat{\kappa}_t^{(i)}\right\}$$

が成立することに注意されたい.パラメータの双線形性のために,方程式 (6.6)

の解は，一般に明示的には解けないが，通常のニュートン・ラフソン法に基づく反復計算によって容易に求めることができる．その具体的なアルゴリズムと R コードについては，6.A.2 項を参照されたい．

モデルを仮定しないときの最大対数尤度は

$$\sum_{x,t}[D_{xt}\log m_{xt} - E_{xt}m_{xt}] + 定数$$

となるから，ディビアンス（= − 2 × 対数最大尤度比）は

$$-2\sum_{x,t} D_{xt}\log\frac{\hat{D}_{xt}}{D_{xt}}$$

と与えられる．もしも LC モデルが正しければ，ディビアンスは自由度が

$$T(\omega + 1) - [T + 2p(\omega + 1) - 2] = (T + 1 - 2p)\omega - 2(p - 1)$$

のカイ 2 乗分布に従う．

以上の 3 つのモデルは，いわゆる一般化線形モデル (GLM) になぞらえて考えれば，「一般化双線形モデル」と呼ぶことができるであろう．パラメータの非線形性を除いては，GLM と同一の構造であるから，たとえば負の 2 項分布や過大分散ポアソンモデルに拡張することも可能である．

6.6.2 予　　測

各モデルから得た $\{\kappa_t^{(i)}\}$ の推定量を $\{\hat{\kappa}_t^{(i)}\}$ とする．各 $\{\hat{\kappa}_t^{(i)}\}$ に別々の ARIMA モデルを当てはめ，その予測値を $\{\hat{\kappa}_{T+s}^{(i)}(s>0)\}$ とするとき，将来の粗死亡率の予測値は

$$\dot{m}_{x,T+s} = \hat{m}_{xT}\sum_{i=1}^{p}\exp\left\{\hat{\beta}_x^{(i)}\left(\dot{\kappa}_{T+s} - \hat{\kappa}_T\right)\right\}$$

と与えられる．$p \geq 2$ の場合に，予測の信頼区間を作成するためには，各 $\{\hat{\kappa}_t^{(i)}\}$ 系列間の従属性をモデル化する必要があるが，これまでのところ標準的な方法は知られていないようである．今後考察すべき重要な課題である．

6.7 わが国男性死亡率への応用例

本節では，わが国男性死亡率データに対して，正規 LC モデルおよびポアソン LC モデルを推定し，将来死亡率の予測を行う．

6.7.1 データ

推定に用いたデータは，「人口動態統計」と「国勢調査統計」に掲載されている，0～89 歳までの男性の死亡数と人口数である．データ期間は，1989～2003 年までの 15 年間である．主要な計算は R で行った．

6.7.2 正規 LC モデル
a. 推 定

図 6.5 は年齢要因である α_x をプロットしたものである．それは，暦年効果とは独立に年齢要因が対数死亡率に与える効果を表す．15 歳以降は，年齢とともにその効果は単調に増加している．特に，40 歳以降はほぼ線形に増加していることがわかる．

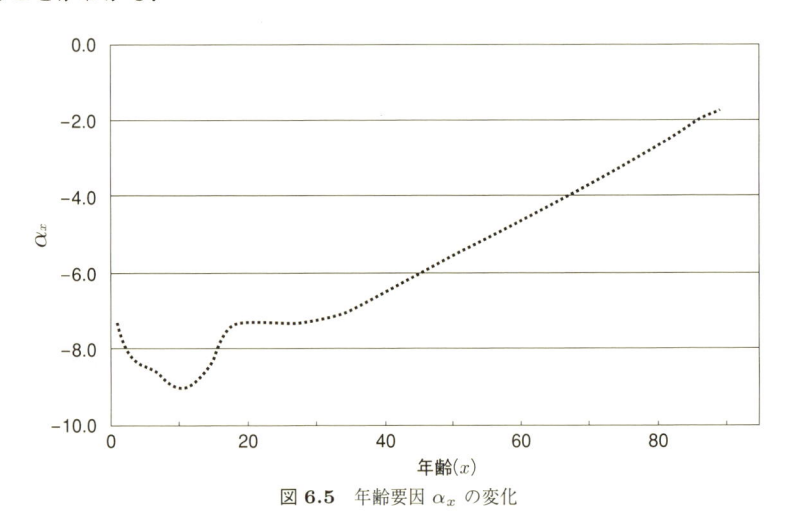

図 6.5 年齢要因 α_x の変化

図 6.6 因子寄与率

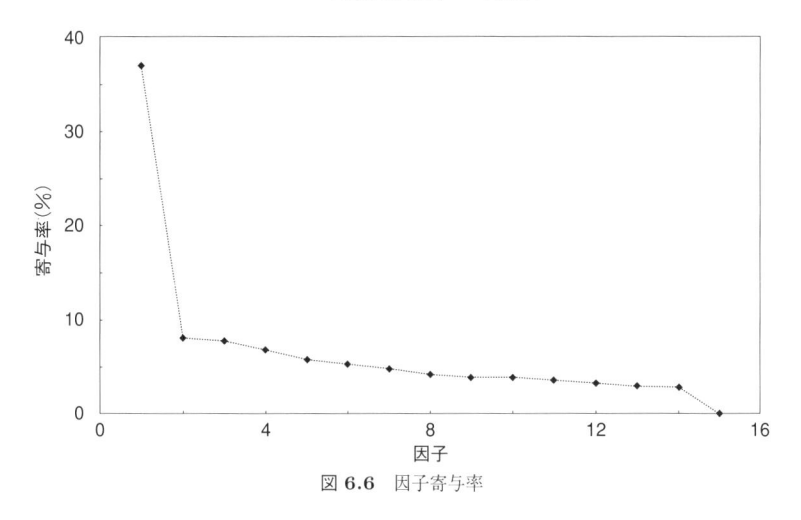

図 6.6 は，α_x を除去した後の対数死亡率の各因子の寄与率を表す[*3]．第 1 因子の寄与率は全体の約 37% である．第 2 因子で 8% に大きく減少するが，第 3 因子以降の減少は緩やかであり，寄与率を 90% 以上にするためには，第 11 因子まで含まねばならない．図 6.7 は，第 1 因子と第 2 因子の暦年要因 $\kappa_t^{(1)}$ と $\kappa_t^{(2)}$ をプロットしたものである．因子寄与率の相対的大きさを反映する形で，$\kappa_t^{(1)}$ の変動が大きい．$\kappa_t^{(1)}$ は，暦年の増加とともにほぼ線形に低下している．1995 年における「こぶ」は阪神淡路大震災に起因するものと思われる．図 6.8 は，第 1 因子の暦年要因が対数死亡率に与える影響 $\beta_x^{(1)}$ を表す．それは 33 歳を底とする逆 J 字型のカーブを描いている．20 歳代前半～50 歳代後半までの壮年齢層（それは労働者人口世代でもある）では，死亡率低下の恩恵は小さい．最も大きな恩恵を受けているのは 0 歳代～10 歳代である．ただし，13 歳，14 歳における「へこみ」は例外である．次に恩恵を受けているのは 60 歳代以降の高年齢層である．この世代の死亡率低下は年金財政に大きな影響を持つであろう．図 6.9 は，1 因子モデルを用いたときの 1989 年と 2003 年における残差を年齢に対してプロットしたものである．両年とも 50 歳代以降年齢の上昇とともに残差の変動は激しくなる．誤差項の均一分散性の仮定は疑われる．図 6.10

[*3] ここで，因子 i の寄与率とは，すべての因子の固有値の総和に対する因子 i の固有値の比率のことをいう．

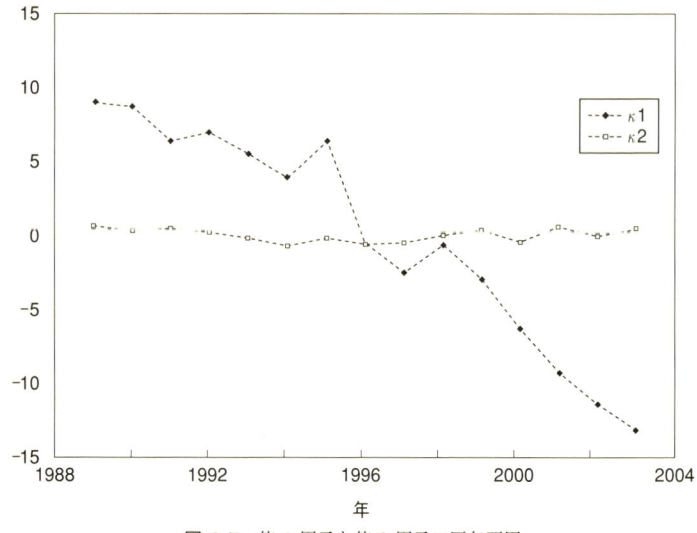

図 6.7 第 1 因子と第 2 因子の暦年要因

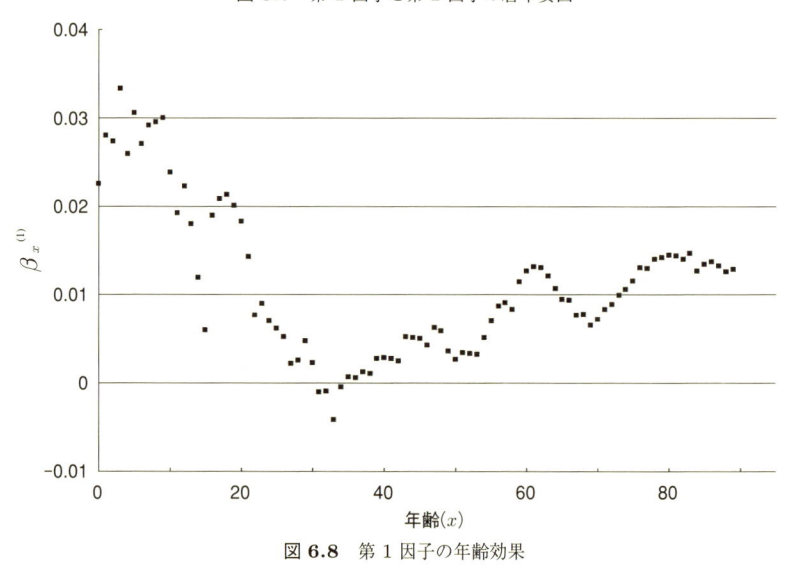

図 6.8 第 1 因子の年齢効果

は，2 因子モデルを用いたときの同様な残差プロットを表す．因子を増加しても，図 6.9 の分散不均一性の傾向は是正されない．

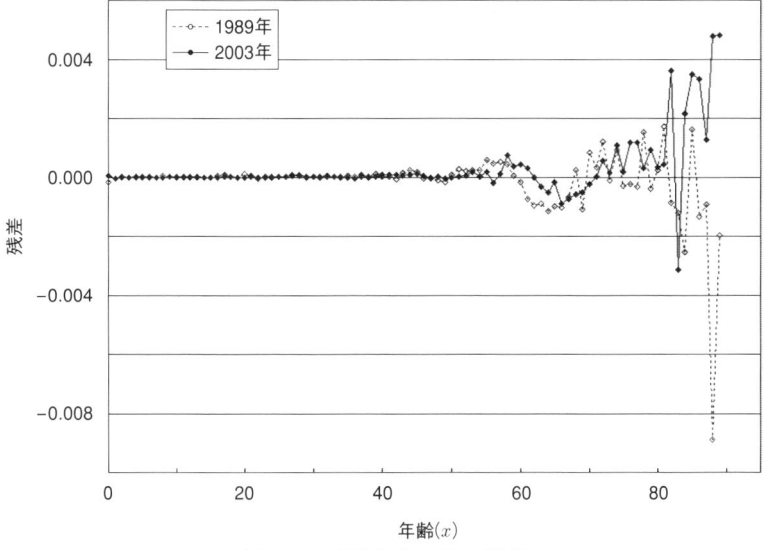

図 6.9 1 因子 LC モデルの残差

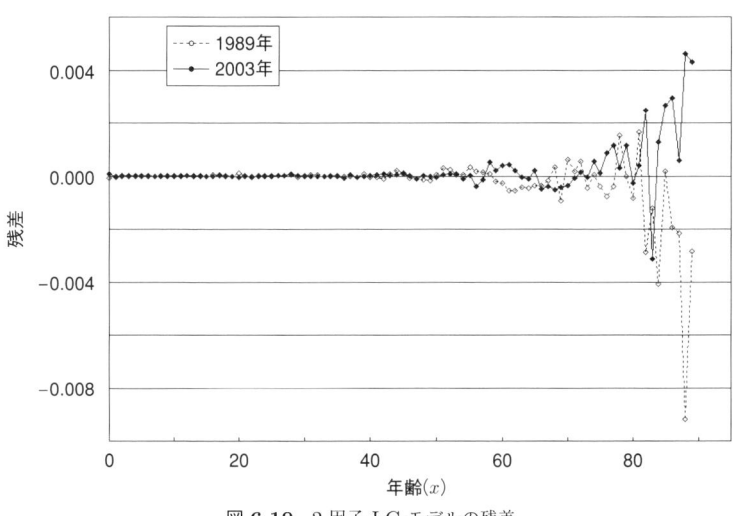

図 6.10 2 因子 LC モデルの残差

b. 予　　測

$\kappa_t(1)$ および $\kappa_t(2)$ に対する ARIMA モデルを構築し，予測を行うのが標準的な手続きであるが，ここでは T が小さいため，$\kappa_t(1)$ および $\kappa_t(2)$ はともに

表 6.2　1 要因 LC モデルによる将来死亡率の予測値（%）

		2003	2010	2015	2020	2025
65 歳	上限		1.7067	1.9759	2.2876	2.6484
	中心値	1.3717	1.2519	1.1615	1.0777	0.9999
	下限		0.9182	0.6828	0.5077	0.3775
70 歳	上限		2.6514	2.9622	3.3093	3.6972
	中心値	2.2479	2.0971	1.9815	1.8723	1.7691
	下限		1.6586	1.3255	1.0592	0.8465
75 歳	上限		4.5349	5.4194	6.4764	7.7395
	中心値	3.5513	3.1103	2.8393	2.5920	2.3662
	下限		2.1333	1.4876	1.0374	0.7234
80 歳	上限		8.0964	10.1263	12.6652	15.8405
	中心値	5.9534	5.0429	4.4976	4.0112	3.5774
	下限		3.1410	1.9976	1.2704	0.8079
85 歳	上限		13.8283	17.0359	20.9874	25.8556
	中心値	10.6754	8.8931	7.9929	7.1839	6.4567
	下限		5.7192	3.7501	2.4590	1.6124
89 歳	上限		20.1785	24.6152	30.0273	36.6295
	中心値	15.7573	13.2505	11.9695	10.8123	9.7671
	下限		8.7011	5.8203	3.8933	2.6043

ランダムウォークに従うと仮定して安定的な予測を行う．表 6.2 は，1 因子モデルによって，65 歳以上の年金受給者層の死亡率を予測した結果を中心値および「±2× 予測標準偏差」である上限と下限という形で与える．図 6.11 は，2003 年の死亡率実績値と 2025 年の死亡率を比較している．中心値の推移を見ると，いずれの年齢においても 2003 年の実績値から低下していくと予想される．しかし，上限と下限は将来にいけばいくほど中心値から乖離していき，「長生きリスク」の程度は相当に大きいと考えられる．

6.7.3　ポアソン LC モデル

a.　正規 LC モデルとの推定比較

表 6.3 と表 6.4 は，1 因子ポアソンモデルと 1 因子正規モデルの推定パラメータを与える．年齢パラメータである α_x と β_x はほとんど同一の値を与えるのに対して，暦年パラメータである κ_t には相当程度の不一致が見られる．

b.　予　測

表 6.5 は 1 要因ポアソンモデルによる 65〜89 歳までの死亡率の予測値を掲げる．また，図 6.12, 6.13 はそれぞれ 65 歳と 89 歳の将来死亡率の暦年変化を

6.7 わが国男性死亡率への応用例

表 6.3 ポアソンモデルと正規モデルの年齢パラメータの比較

年齢 (x)	α_x ポアソン	α_x 正規	β_x ポアソン	β_x 正規
65	−4.149126118	−4.151312192	0.009482668	0.009468075
66	−4.059279587	−4.062000344	0.009417839	0.009414933
67	−3.974598933	−3.976891549	0.007308039	0.007659283
68	−3.880037520	−3.880734504	0.007653198	0.007778361
69	−3.785761264	−3.786576781	0.006394318	0.006504972
70	−3.691150626	−3.691168243	0.007007577	0.007164910
71	−3.602438317	−3.602085407	0.008315474	0.008360734
72	−3.496156844	−3.495571831	0.008889431	0.008930860
73	−3.396921945	−3.396447233	0.009874950	0.009908743
74	−3.289141093	−3.289069788	0.010574577	0.010611626
75	−3.192182788	−3.191578428	0.011524890	0.011518847
76	−3.084663680	−3.085039941	0.013010809	0.013035510
77	−2.971318423	−2.971323114	0.012878755	0.012924089
78	−2.860786294	−2.860287181	0.014029907	0.014044247
79	−2.747021710	−2.746842948	0.014138657	0.014211529
80	−2.637500819	−2.637052898	0.014464077	0.014462618
81	−2.523447085	−2.522733542	0.014399934	0.014411375
82	−2.413826601	−2.413285564	0.013686413	0.014020429
83	−2.307467013	−2.307019921	0.014673522	0.014693539
84	−2.197892915	−2.197465828	0.012565846	0.012696820
85	−2.094541824	−2.093423358	0.013265911	0.013485507
86	−1.992402551	−1.991510028	0.013681386	0.013767680
87	−1.895972769	−1.895608117	0.013177076	0.013236429
88	−1.800776606	−1.800701044	0.012536020	0.012581999
89	−1.710066290	−1.710088540	0.012815986	0.012848178

表 6.4 ポアソンモデルと正規モデルの暦年パラメータの比較

年 (t)	κ_t ポアソン	κ_t 正規	年 (t)	κ_t ポアソン	κ_t 正規
1989	8.598968260	9.027002757	1997	−1.682663223	−2.464978187
1990	8.968032598	8.689845859	1998	−2.667408516	−0.624708845
1991	7.363276890	6.361628930	1999	−1.840903299	−2.907505803
1992	7.316429926	7.000747122	2000	−7.049668939	−6.355421065
1993	6.587016249	5.436703426	2001	−9.927930747	−9.378217706
1994	3.639470343	4.009088470	2002	−11.71958198	−11.50834634
1995	5.077867599	6.440822130	2003	−12.29868355	−13.13058815
1996	−0.364221606	−0.595987603			

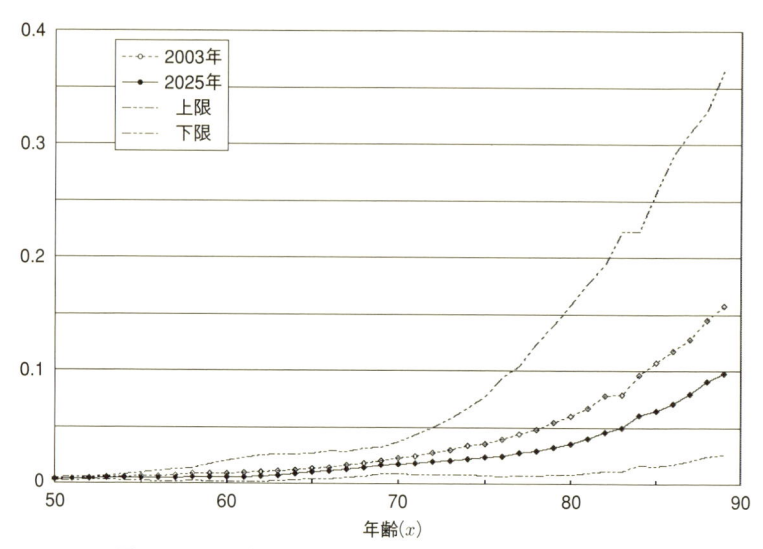

図 6.11 死亡率の低下：2003 年実績値と 2025 年予測値の比較

表す．予測の中心値については，正規モデルとポアソンモデルの間に大きな相違はないが，予測区間はポアソンモデルの方が短い．

6.8 おわりに

本章では，動態的な生命表の統計モデリングを議論し，標準的な LC 法とポアソン LC モデルをわが国の死亡率データに適用した．その結果，年齢パラメータについては両者の推定値は一致するものの，暦年パラメータに関しては相当程度の差異が生じることが判明した．どちらのモデルを用いるかによって，将来死亡率の予測値および予測区間に明白な違いが生じる．標準的な LC 法の残差の分析から，高年齢者層の誤差項の分散不均一性が示唆された．そのような分散不均一性を明示的に考慮するポアソン LC モデルの方が，より信頼できる結果をもたらすと思われる．今後解決すべき課題として以下の 3 点を挙げておく．

(1) 第 1 因子の寄与率が低いため，複数の因子を取り込んだモデルが効果的かもしれない．しかし，その場合には，因子の個数をいかに決めるべきか．また，予測区間をいかに求めるべきかという問題が生じる

6.8 おわりに

表 6.5　1要因ポアソンモデルによる将来死亡率の予測値 (%)

		2003	2010	2015	2020	2025
65歳	上限		1.6700	1.8903	2.1396	2.4217
	中心値	1.3717	1.2717	1.1848	1.1038	1.0284
	下限		0.9683	0.7426	0.5695	0.4367
70歳	上限		2.6013	2.8506	3.1239	3.4234
	中心値	2.2479	2.1268	2.0184	1.9156	1.8180
	下限		1.7389	1.4292	1.1746	0.9654
75歳	上限		4.4019	5.1171	5.9485	6.9151
	中心値	3.5513	3.1608	2.9003	2.6612	2.4419
	下限		2.2696	1.6438	1.1906	0.8623
80歳	上限		7.8015	9.4241	11.3842	13.7520
	中心値	5.9534	5.1482	4.6214	4.1485	3.7240
	下限		3.3973	2.2662	1.5117	1.0084
85歳	上限		13.3311	15.8537	18.8536	22.4212
	中心値	10.6754	9.1053	8.2470	7.4696	6.7655
	下限		6.2191	4.2901	2.9594	2.0415
89歳	上限		19.5286	23.0878	27.2957	32.2705
	中心値	15.7573	13.5119	12.2794	11.1593	10.1413
	下限		9.3490	6.5309	4.5622	3.1870

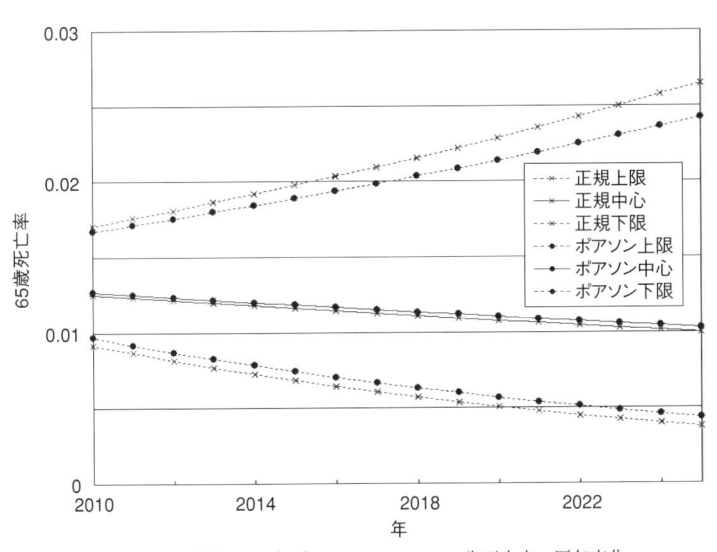

図 6.12　正規モデルとポアソンモデル：65歳死亡率の暦年変化

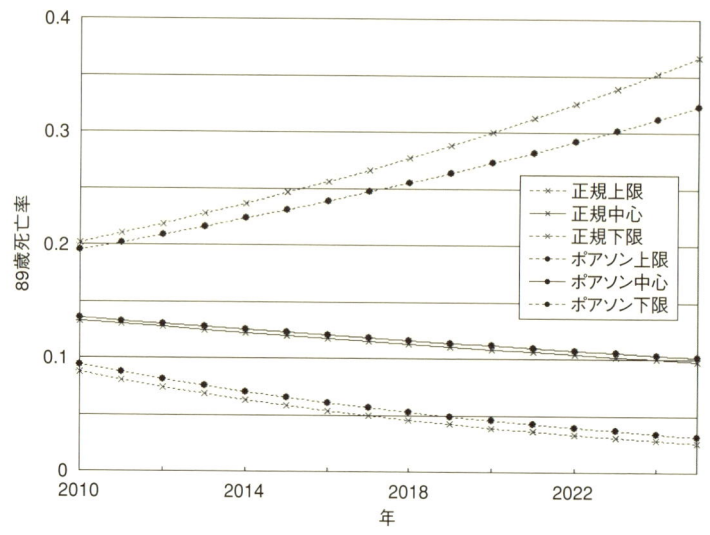

図 6.13 正規モデルとポアソンモデル：89 歳死亡率の暦年変化

(2) 100 歳を越えるような超高年齢層については，データがさらに乏しいことを考えると，LC 法のようなノンパラメトリックアプローチは必ずしも有効ではないかもしれない．その場合，渋谷・華山 (2004) のような極値理論によるアプローチからの考察を併せて行うことが必要となろう

(3) このような将来死亡率に関する予測結果が，年金リスクにいかなる影響を与えるかについて数量的な評価を行うことも重要な課題である

6.A 付　　　録

6.A.1 ポアソン LC モデル推定のアルゴリズム

Brouhns, Denuit and Vermunt(2002) に従って，$p=1$ のアルゴリズムを述べる．

　ステップ 1： $(\alpha_x, \beta_x, \kappa_t)$ 初期値 $(\widetilde{\alpha}_x, \widetilde{\beta}_x, \widetilde{\kappa}_t)$ を与える

　ステップ 2： μ_{xt} と D_{xt} を更新する

$$\begin{cases} \widetilde{\mu}_{xt} = \exp(\widetilde{\alpha}_x + \widetilde{\beta}_x \widetilde{\kappa}_t) \\ \widetilde{D}_{xt} = E_{xt}\widetilde{\mu}_{xt} \end{cases}$$

ステップ 3： 新たな α_x の値を決める

$$\widetilde{\alpha}_x^{\text{New}} = \widetilde{\alpha}_x + \frac{\sum_t (D_{xt} - \widetilde{D}_{xt})}{\sum_t \widetilde{D}_{xt}}$$

ステップ 4： μ_{xt} と D_{xt} を更新する

$$\begin{cases} \widetilde{\mu}'_{xt} = \exp(\widetilde{\alpha}_x^{\text{New}} + \widetilde{\beta}_x \widetilde{\kappa}_t) \\ \widetilde{D}'_{xt} = E_{xt} \widetilde{\mu}'_{xt} \end{cases}$$

ステップ 5： 新たな κ_t の値を決める

$$\widetilde{\kappa}'_t = \widetilde{\kappa}_t + \frac{\sum_t (D_{xt} - \widetilde{D}'_{xt})}{\sum_t \widetilde{D}'_{xt} (\widetilde{\beta}_x)^2}$$

$$\widetilde{\kappa}_t^{\text{New}} = \widetilde{\kappa}'_t - \frac{1}{T} \sum_t \widetilde{\kappa}'_t$$

ステップ 6： μ_{xt} と D_{xt} を更新する

$$\begin{cases} \widetilde{\mu}''_{xt} = \exp(\widetilde{\alpha}_x^{\text{New}} + \widetilde{\beta}_x \widetilde{\kappa}_t^{\text{New}}) \\ \widetilde{D}''_{xt} = E_{xt} \widetilde{\mu}''_{xt} \end{cases}$$

ステップ 7： 新たな β_x の値を決める

$$\widetilde{\beta}'_x = \widetilde{\beta}_x + \frac{\sum_t (D_{xt} - \widetilde{D}''_{xt})}{\sum_t \widetilde{D}''_{xt} (\widetilde{\kappa}_t^{\text{New}})^2}$$

$$\widetilde{\beta}_x^{\text{New}} = \frac{\widetilde{\beta}'_x}{\sum_x \widetilde{\beta}'_x}$$

以上で決まった $(\widetilde{\alpha}_x^{\text{New}}, \widetilde{\beta}_x^{\text{New}}, \widetilde{\kappa}_t^{\text{New}})$ を新たな初期値として，ステップ 1～7 を繰り返す．

初期値 $(\widetilde{\alpha}_x, \widetilde{\beta}_x, \widetilde{\kappa}_t)$ の候補としては，通常の LC 法による最小 2 乗推定値が一般的であろう．Brouhns, Denuit and Vermunt(2002) は，$(\widetilde{\alpha}_x = 0, \widetilde{\beta}_x = 1, \widetilde{\kappa}_t = 0)$ という初期値を用いている．$p = 2$ については，Renshaw and Haberman (2003) を参照されたい．

6.A.2 ポアソン双線形回帰モデル推定の R コード

```
dl<-1#dl は対数尤度の増加量．初期値として 1 を採用する
h<-0#h は繰り返し回数を入れる変数（最初は 0）


#死亡者数 D を計算する関数の作成
d.keisan<-function(e,a,b,k){
e*exp(a+b%*%k)
}


#繰り返しのプログラム
while(dl>10^-10){#対数尤度関数の増加が 10 のマイナス 10 乗より小さくなるまで繰り返す
ll0<-sum(d*(a+b%*%k)-e*exp(a+b%*%k))#パラメータ計算前の対数尤度
d0<-d.keisan(e,a,b,k)
a=a-apply(d-d0,1,sum)/(-apply(d0,1,sum))#α の計算
d1<-d.keisan(e,a,b,k)
k=k-apply((d-d1)*b,2,sum)/(-apply(d0*b^2,2,sum))#k の計算
k<-k-mean(k)#k の合計は 0
d2<-d.keisan(e,a,b,k)
b=b-apply((d-d2)*k,1,sum)/(-apply(d2*k^2,1,sum))#β の計算
b<-b/sum(b)#β の合計は 1
ll1<-sum(d*(a+b%*%k)-e*exp(a+b%*%k))#パラメータ計算後の対数尤度
dl<-ll1-ll0#対数尤度の増分
h<-h+1#繰り返しの回数のカウント
}
```

〔小暮厚之・長谷川知弘〕

文　　献

1) 国立社会保障・人口問題研究所 (2002) 日本の将来推計人口（平成 14 年 1 月推計）.
2) 渋谷政昭・華山宣胤 (2004) 年齢時代区分データによる超高年齢者寿命分布の推測. 統計数理, **52** (1), 117–134.
3) 山口喜一・重松峻夫・南条善治・小林和正 (1995) 生命表研究, 古今書院.
4) Brouhns, N., Denuit, M. and Vermunt, J.K. (2002) A Poisson log-bilinear regression approach to the construction of projected lifetables. *Insurance: Mathematics and Economics*, **31**, 373–393.
5) Buettner, T.(2002) Approaches and experiences in projecting mortality patterns for the oldest-old. *North American Actuarial Journal*, **6**, 14–29.
6) Gerber, H.(1991) *Life Insurance Mathematics*, Springer-Verlag.
7) Lee, R.D. (2000) The Lee-Carter method of forecasting mortality, with various extension and applications. *North American Actuarial Journal*, **4**, 80–93.
8) Lee, R.D. and Carter, L.R. (1992) Modeling and forecasting U.S. mortality. *Journal of the American Statistical Association*, **87**, 659–675.
9) Olivieri, A. (2001) Uncertainty in mortality projections: An actuarial perspective. *Insurance: Mathematics and Economics*, **29**, 231–245.
10) Pitacco, E. (2004) Survival models in a dynamic context: A survey. *Insurance: Mathematics and Economics*, **35**, 279–298.

索　　引

欧　文

ARIMA モデル　131
cross validation　59
EIA　99, 112
generalized cross validation　59
Jackwerth 法　57
Lee–Carter 法　129
longevity risk　123
($m-1$) 従属　34, 36
Slepian の不等式　41
VaR　32, 33

ア　行

安全割増率　85

一時払い保険　100
インデックス追随率　100
インプライドボラティリティ　55, 58

エキゾチックオプション　99
エクスポージャー　128

オーバーラップ法　32, 46

カ　行

カーネル関数　58
拡張決定ツリー　4, 11, 12
拡張ブラック・ショールズモデル　56
株価指数連動型年金　99
下方部分積率　6
観測確率　52

完備　53

危険回避度　51
危険回避度推定　82
危険中立的　80
危険割増し率　78
基数　124
期待効用　53
期待効用最大化　77
期待値原理　78
局所回帰法　59
寄与率　135
金融工学手法　99

経験確率　36
決定ノード　6

効用関数　51, 73
コーホート　124
コールオプション　53
国民生命表　125
混合型モデル　2, 4

サ　行

最尤推定量　132
サンプリングエラー　19

時系列相関　10, 11, 25
支出現価　100
下側確率　35
シナリオツリー型モデル　1, 3
シナリオの生成　9

死亡保険　101
死亡保障　84
死亡率　124
シミュレーション/ツリー混合型多期間確率計画
　　モデル　1, 4
シミュレーション型多期間確率計画モデル　1
シミュレーション型モデル　1
収支相等原則　78, 101
収入現価　100
寿命四分位偏差　127
寿命中位数　127
条件付き意思決定　2-4
人的資本レベル　83

正規 LC モデル　132
正規過程　41
正規双線形回帰モデル　131
生命表　124
絶対的危険回避度　78, 79
線形回帰モデル　81
生存保険　101

相対的危険回避度　74, 76, 81, 85
　　——の推定　75
粗死亡率　128

タ　行

対数効用関数　73
対数収益率　33
多期間最適資産配分モデル　1

逐次的クラスタリング法　11
中央死亡率　128
長期収益率　32

ディビアンス　133
テイル検定基準　33
デジタル型　107

投資額決定戦略　7, 9, 22
投資比率決定戦略　7, 9, 22
投資量関数　2, 5

投資量決定戦略　7, 9, 22
特異値分解　130
特約　111
取引戦略　7, 22, 25

ナ　行

長生きリスク　123

日経平均株価指数　61

ノンオーバーラップ法　32, 46
ノンパラメトリック手法　59

ハ　行

ハイウォーターマーク型　103
バリア型　108
バリューアットリスク　32
バンド幅　59

非線形回帰モデル　81
非予想条件　4, 7, 9

不均一分散双線形回帰モデル　132
負の指数型効用関数　73
ブラック・ショールズ式　100
ブラック・ショールズモデル　55
フロアー　99
フロアー特約方式　111
分位点　33, 44
分散境界　76

平滑化パラメータ　59
平準払い保険　101

ポアソン LC モデル　132
ポアソン双線形回帰モデル　132
ポイントトゥポイント型　102, 113
ポートフォリオベースクラスタリング法　11
保険需要関数　77
保険数理手法　99
保有資産合計額　84

マ 行

マネーネス　57

密度関数推定　62

無裁定価格　54

モンテカルロシミュレーション　1, 3, 10

予測平均 2 乗誤差　59

予定利率　100

ラ 行

ラダー型　104

リスク中立確率　52
リスクフリーレート　52
リセット型　106

ローウォーターマーク型　105

編著者略歴

小暮厚之（こぐれ あつゆき）
1954 年　群馬県に生まれる
1986 年　イェール大学大学院修了
現　在　慶應義塾大学総合政策学部・教授
　　　　Ph. D.（統計学）

リスクの科学
　—金融と保険のモデル分析—

2007 年 11 月 15 日　初版第 1 刷

定価はカバーに表示

編著者　小　暮　厚　之
発行者　朝　倉　邦　造
発行所　株式会社　朝　倉　書　店
　　　　東京都新宿区新小川町6-29
　　　　郵便番号　162-8707
　　　　電　話　03(3260)0141
　　　　ＦＡＸ　03(3260)0180
　　　　http://www.asakura.co.jp

〈検印省略〉

© 2007〈無断複写・転載を禁ず〉

東京書籍印刷・渡辺製本

ISBN 978-4-254-29008-0　C 3050　　Printed in Japan

R.A.ジャロウ・V.マクシモビッチ・
W.T.ジエンバ編
中大 今野　浩・岩手県大 古川浩一監訳

ファイナンスハンドブック

12124-7 C3041　　　　A 5 判 1152頁 本体29000円

〔内容〕ポートフォリオ／証券市場／資本成長理論／裁定取引／資産評価／先物価格／金利オプション／金利債券価格設定／株式指数裁定取引／担保証券／マイクロストラクチャ／財務意思決定／ヴォラティリティ／資産・負債配分／市場暴落／普通株収益／賭け市場／パフォーマンス評価／市場調査／実物オプション／最適契約／投資資金調達／財務構造と税制／配当政策／合併と買収／製品市場競争／企業財務論／新規株式公開／株式配当／金融仲介業務／米国貯蓄貸付組合危機

G.S.マタラ・C.R.ラオ編
慶大 小暮厚之・早大 森平爽一郎監訳

ファイナンス統計学ハンドブック

29002-8 C3050　　　　A 5 判 740頁 本体26000円

ファイナンスに用いられる統計的・確率的手法を国際的に著名な研究者らが解説した，研究者・実務者にとって最高のリファレンスブック。〔内容〕アセットプライシング／金利の期間構造／ボラティリティ／予測／選択可能な確率モデル／特別な統計手法の応用(ブートストラップ，主成分と因子分析，変量誤差問題，人工ニューラルネットワーク，制限従属変数モデル)／種々の他の問題(オプション価格モデルの検定，ペソ問題，市場マイクロストラクチャー，ポートフォリオ収益率)

中大 今野　浩・明大 刈屋武昭・首都大 木島正明編

金　融　工　学　事　典

29005-9 C3550　　　　A 5 判 848頁 本体22000円

中項目主義の事典として，金融工学を一つの体系の下に纏めることを目的とし，金融工学および必要となる数学，統計学，OR，金融・財務などの各分野の重要な述語に明確な定義を与えるとともに，概念を平易に解説し，指針書も目指したもの〔主な収載項目〕伊藤積分／ALM／確率微分方程式／GARCH／為替／金利モデル／最適制御理論／CAPM／スワップ／倒産確率／年金／判別分析／不動産金融工学／保険／マーケット構造モデル／マルチンゲール／乱数／リアルオプション他

日大 蓑谷千凰彦・東大 縄田和満・京産大 和合　肇編

計量経済学ハンドブック

29007-3 C3050　　　　A 5 判 1024頁 本体28000円

計量経済学の基礎から応用までを30余のテーマにまとめ，詳しく解説する。〔内容〕微分・積分，伊藤積分／行列／統計的推測／確率過程／標準回帰モデル／パラメータ推定(LS,QML他)／自己相関／不均一分散／正規性の検定／構造変化テスト／同時方程式／頑健推定／包括テスト／季節調整法／産業連関分析／時系列分析(ARIMA,VAR他)／カルマンフィルター／ウェーブレット解析／ベイジアン計量経済学／モンテカルロ法／質的データ／生存解析モデル／他

中大 杉山高一・中大 藤越康祝・
前筑波大 杉浦成昭・東大 国友直人編

統 計 デ ー タ 科 学 事 典

12165-0 C3541　　　　B 5 判 788頁 本体27000円

統計学の全領域を33章約300項目に整理，見開き形式で解説する総合的事典。〔内容〕確率分布／推測／検定／回帰分析／多変量解析／時系列解析／実験計画法／漸近展開／モデル選択／多重比較／離散データ解析／極値統計／欠測値／数量化／探索的データ解析／計算機統計学／経時データ解析／高次元データ解析／空間データ解析／ファイナンス統計／経済統計／経済時系列／医学統計／テストの統計／生存時間分析／DNAデータ解析／標本調査法／中学・高校の確率・統計／他

筑波大学ビジネス科学研究科編
シリーズ〈ビジネスの数理〉1
ビジネス数理への誘い
29561-0　C3350　　　　A5判 160頁 本体2900円

ビジネスのための数理的方法を俯瞰する入門編。〔内容〕ビジネス科学・技術／数理的方法の機能／モデルアプローチ／マネジメントプロセスモデル／モデルアプローチの成功と失敗／ビジネス現象のモデル化／デザイン技術としての数理的方法他

東大 大澤幸生・筑波大 徐　驊・筑波大 山田雄二編著
シリーズ〈ビジネスの数理〉2
チャンスとリスクのマネジメント
29562-7　C3350　　　　A5判 216頁 本体3500円

人はなぜダイスを振るのか―ビジネスの現場で表裏一体となるチャンスとリスクの利用・管理技術の全貌を提示。〔内容〕チャンスマネジメントのプロセス／チャンス発見のためのデータ可視化技術／リスクマネジメント／リスク特定の方法／他

筑波大 牧本直樹著
シリーズ〈ビジネスの数理〉3
ビジネスへの確率モデルアプローチ
29563-4　C3350　　　　A5判 176頁 本体3000円

確率モデルを用いて多様なビジネス現象の分析技術からシミュレーションまで解説。演習問題付。〔内容〕確率計算の基礎／離散的分布／連続的分布／多変量分布／データと分布／モーメント公式／確率モデル分析技術／シミュレーション分析／他

筑波大 椿　広計著
シリーズ〈ビジネスの数理〉4
ビジネスへの統計モデルアプローチ
29564-1　C3350　　　　A5判 144頁 本体3000円

複雑かつ大規模なビジネス現象の分析に必要な統計モデルの構築の手法を解説。〔内容〕データとプロファイリング／統計モデルの要素／統計モデルのプランニング／統計的構造モデリング／一般化線形モデル(GLIM)／測定モデルのデザイン／他

筑波大 牧本直樹編著
シリーズ〈ビジネスの数理〉5
金融・会計のビジネス数理
29565-8　C3350　　　　A5判 184頁 本体2900円

金融・会計分野での数理分析の具体的手法を詳述。各章末に文献案内《お薦めの3冊》を付した。〔内容〕年金資産運用管理と意思決定／事業計画策定における「予測市場」の活用／市場の効率性と投資家行動／個人向け10年変動利付き国債／他

日銀金融研 小田信之著
ファイナンス・ライブラリー2
金融リスクの計量分析
29532-0　C3350　　　　A5判 192頁 本体3600円

金融取引に付随するリスクを計量的に評価・分析するために習得すべき知識について、"理論と実務のバランスをとって"体系的に整理して解説。〔内容〕マーケット・リスク／信用リスク／デリバティブズ価格に基づく市場分析とリスク管理

日銀金融研 家田　明著
ファイナンス・ライブラリー3
リスク計量とプライシング
29533-7　C3350　　　　A5判 180頁 本体3300円

〔内容〕政策保有株式のリスク管理／与信ポートフォリオの信用リスクおよび銀行勘定の金利リスクの把握手法／オプション商品の非線型リスクの計量化／モンテカルロ法によるオプションのプライシング／有限差分法を用いた数値計算手法

早大 森平爽一郎監修
ファイナンス・ライブラリー6
金融リスクの理論
―経済物理からのアプローチ―
29536-8　C3350　　　　A5判 260頁 本体4800円

"Theory of Financial Risks:From Statistical Physics to Risk Management"の和訳。〔内容〕確率理論：基礎概念／実際の価格の統計／最大リスクと最適ポートフォリオ／先物とオプション：基本概念／オプション：特殊問題／金融用語集

統数研 山下智志著
シリーズ〈現代金融工学〉7
市場リスクの計量化とVaR
27507-0　C3350　　　　A5判 176頁 本体3600円

市場データから計測するVaRの実際を詳述。〔内容〕リスク計測の背景／リスク計測の意味とVaRの定義／リスク計測モデルの意味／リスク計測モデルのテクニック／金利リスクとオプションリスクの計量化／モデルの評価の規準と方法

早大 森平爽一郎編
ファイナンス講座8
ファイナンシャル・リスクマネージメント
54558-6　C3333　　　　A5判 208頁 本体3600円

預金保険の価値、保険の価格決定、各種の複雑な商品の設計方法など、日本の金融機関が抱えるリスク管理の重要問題にファイナンス理論がどのように活かせるかを具体的に解説。〔内容〕アセット・アロケーションの方法／資産負債管理の方法

横国大 浅野幸弘・
住友信託銀行 岩本純一・住友信託銀行 矢野　学著
応用ファイナンス講座1
年金とファイナンス
29586-3 C3350　　　　A 5 判 228頁 本体3800円

公的年金の基本的知識から仕組みおよび運用までわかりやすく詳説〔内容〕わが国の年金制度／企業年金の選択／企業財務と年金資産運用／年金会計／年金財務と企業評価／積立不足と年金ALM／物価連動国債と年金ALM／公的年金運用／他

上智大 市川博也著
応用ファイナンス講座2
応用経済学のための 時系列分析
29587-0 C3350　　　　A 5 判 184頁 本体3500円

時系列分析の基礎からファイナンスのための時系列分析を平易に解説。〔内容〕マクロ経済変数と時系列分析／分布ラグモデルの最適次数の決定／統計学の基礎概念と単位根テスト／定常な時系列変数と長期乗数／ボラティリティ変動モデル／他

みずほ信託銀行 菅原周一著
応用ファイナンス講座3
資産運用の理論と実践
29588-7 C3350　　　　A 5 判 228頁 本体3500円

資産運用に関する基礎理論から実践まで，実証分析の結果を掲げながら大学生および実務家向けにわかり易く解説〔内容〕資産運用理論の誕生と発展の歴史／株式運用と基礎理論と実践への応用／債券運用の基礎と実践への応用／最適資産配分戦略

麗澤大 清水千弘・富山大 唐渡広志著
応用ファイナンス講座4
不動産市場の計量分析
29589-4 C3350　　　　A 5 判 220頁〔近　刊〕

客観的な数量データを用いて経済理論を基にした統計分析の方法をまとめた書〔内容〕不動産市場の計量分析／ヘドニックアプローチ／推定の基本と応用／空間計量経済学の基礎／住宅価格関数の推定／住宅価格指数の推定／用途別賃料関数の推定

首都大 木島正明・首都大 田中敬一著
シリーズ〈金融工学の新潮流〉1
資産の価格付けと測度変換
29601-3 C3350　　　　A 5 判 216頁 本体3800円

金融工学において最も重要な価格付けの理論を測度変換という切口から詳細に解説〔内容〕価格付け理論の概要／正の確率変数による測度変換／正の確率過程による測度変換／測度変換の価格付けへの応用／基準財と価格付け測度／金利モデル／他

ニッセイ基礎研 室町幸雄著
シリーズ〈金融工学の新潮流〉3
信用リスクとＣＤＯの価格付け
29603-7 C3350　　　　A 5 判 224頁 本体3800円

デフォルトの関連性における原因・影響度・波及効果に関するモデルの詳細を整理し解説〔内容〕デフォルト相関のモデル化／リスク尺度とリスク寄与度／極限損失分布と新BIS規制／ハイブリッド法／信用・市場リスク総合評価モデル／他

日本年金数理人会編
年　金　数　理　概　論
29006-6 C3050　　　　A 5 判 184頁 本体3200円

年金財政を包括的に知りたい方，年金数理人をめざす方のための教科書。〔内容〕年金数理の基礎／計算基礎率の算定／年金現価／企業年金制度の財政運営／各種財政方式の構造／財政検証／財政計算／退職給付債務の概要／投資理論への応用／他

日大 田中周二編　ニッセイ基礎研 上田泰三・中嶋邦夫著
シリーズ〈年金マネジメント〉1
年金マネジメントの基礎
29581-8 C3350　　　　A 5 判 192頁 本体3600円

企業年金のしくみ・財政を解説。年金業務に携わる実務担当者必携の書。付録プログラムにより企業の実務で実際に行う計算過程の擬似的体験が可能（退職給付会計の財務諸表の作成等）。〔目次〕企業年金の設計と運営／制度の見直し・移行／他

日大 田中周二編　ニッセイ基礎研 山本信一・佐々木進著
シリーズ〈年金マネジメント〉2
年　金　資　産　運　用
29582-5 C3350　　　　A 5 判 272頁 本体3800円

年金資産運用においては，長期戦略（運用基本方針）を立てることが重要となる。そのために必要な知識・理論を解説。〔目次〕年金運用のPlan-Do-Seeプロセス／ポートフォリオ理論／政策アセットミックス／マネージャー・ストラクチャー／他

日大 田中周二編　ニッセイ基礎研 北村智紀著
シリーズ〈年金マネジメント〉3
年金ALMとリスク・バジェッティング
29583-2 C3350　　　　A 5 判 196頁 本体3800円

年金の運用においてはリスク管理が重要となる。最近注目されるＡＬＭ（資産負債統合管理），リスク・バジェッティング（リスク予算配分と管理）等の理論・モデルについて解説。〔目次〕年金運用とリスク管理／年金運用と最適資産配分／他

上記価格（税別）は 2007 年 10 月現在